KU zu den 5 Hauptstücken des Kleinen Katechismus | Ein Arbeitsbuch zu »Denk mal nach ... mit Luther«

**Im Auftrag des Rates der Evangelischen Kirche der Union
Herausgegeben von der Kirchenkanzlei der EKU**

Erarbeitet von Christian Witting, Ulrike Baumann, Dietmar Gerts und Olaf Trenn
unter Mitarbeit von Marion Gardei und Dr. Reinhard Kirste

Ulrike Baumann / Christian Witting
DIE ZEHN GEBOTE
So geht es auch

I

Originalausgabe

Die Deutsche Bibliothek – CIP-Einheitsaufnahme

KU zu den 5 Hauptstücken des Kleinen Katechismus :
ein Arbeitsbuch zu »Denk mal nach ... mit Luther« /
[im Auftr. des Rates der Evangelischen Kirche der Union hrsg. von
der Kirchenkanzlei der EKU]. – Gütersloh: Gütersloher Verl.-Haus
ISBN 3-579-01798-5

1. Die zehn Gebote : so geht es auch / Ulrike Baumann/
Christian Witting. – 1997

ISBN 3-579-01798-5
© Gütersloher Verlagshaus, Gütersloh 1997

Das Werk einschließlich aller seiner Teile ist urheberrechtlich geschützt. Jede Verwertung außerhalb der
engen Grenzen des Urheberrechtsgesetzes ist ohne Zustimmung des Verlages unzulässig und strafbar.
Das gilt insbesondere für Vervielfältigungen, Übersetzungen, Mikroverfilmungen und die Einspeicherung
und Verarbeitung in elektronischen Systemen.

Umschlaggestaltung: INIT, Bielefeld
unter Verwendung des Bildes »Das zweite Gesicht« von Wolfgang Mattheuer (farbl. verändert)
© VG Bild-Kunst, Bonn 1997, © der Vorlage AKG, Berlin
Satz: Weserdruckerei Rolf Oesselmann GmbH, Stolzenau
Druck und Bindung: PPK – Partner für Print und Kommunikation GmbH, Bielefeld
Gedruckt auf chlorfrei gebleichtem Werkdruckpapier
Printed in Germany

Geleitwort

Für sehr viele Jugendliche bedeutet der Konfirmandenunterricht die intensivste Form der Begegnung mit der Kirche. Die Erfahrungen der Konfirmandenzeit prägen ihre Haltung zur Kirche und zum christlichen Glauben nachhaltig.

Dieses Wissen gibt der theologischen und pädagogischen Arbeit im Konfirmandenunterricht Schwung und Ziel. Es markiert aber auch, wie aufgeladen, schwierig und vielschichtig die Aufgabe ist, jungen Menschen auf dem Weg des Unterrichts eine Orientierung für das Leben anzubieten.

Der Konfirmandenunterricht soll ein Ort sein,
- an dem die Konfirmandinnen und Konfirmanden Grundlegendes erfahren über die Weise und die Inhalte christlichen Glaubens;
- an dem intensive Begegnungen stattfinden können mit denen, die für diese Inhalte stehen, und unter den Jugendlichen selbst;
- an dem den Konfirmandinnen und Konfirmanden ein eigenständiger Zugang zu Kirche und Glauben eröffnet wird.

Das ist viel, und in der Realität werden sich davon wohl immer nur einzelne Elemente verwirklichen lassen – zur Freude der Unterrichtenden und bestimmt auch der Konfirmandinnen und Konfirmanden.

Die im Auftrag des Rates der Evangelischen Kirche der Union herausgegebene Arbeitsmappe *zu den 5 Hauptstücken des Kleinen Katechismus* zum Arbeitsbuch *Denk mal nach ... mit Luther* will solche Prozesse unterstützen. Sie bietet dazu detailliert ausgearbeitete Unterrichtseinheiten, theologische Überlegungen und Information, methodische Vorschläge und eine Fülle konkreter Materialien für den Konfirmandenunterricht, aber auch für die Arbeit mit anderen Gruppen der Gemeinde.

Als inhaltliche Basis legen die Autorinnen und Autoren dem Gesamtwerk *Martin Luthers Kleinen Katechismus* zugrunde, der selbst das gleiche Anliegen verfolgt: Das Entscheidende, gewissermaßen das Grundwissen des christlichen Glaubens nach den Erkenntnissen der Reformation, sollte im *Kleinen Katechismus* so elementar zur Sprache kommen, daß es jedem und jeder zugänglich, verständlich und plausibel wird.

Die sprachliche Kraft, die Luther in diesem Anliegen entfaltet, ist groß. Über Generationen hinweg haben Menschen jeden Alters und jeder Bildungsstufe reichen Gewinn daraus ziehen können, weil ihnen im *Kleinen Katechismus* die Konturen ihres Lebens in der Welt erquickend frisch entgegengetreten sind. Dennoch teilt sich dieser Text aus dem 16. Jahrhundert heutigen Jugendlichen nicht unmittelbar mit. Die Autorinnen und Autoren dieses Arbeitsbuches liefern aber den Beweis, daß die elementarisierten Aussagen des *Kleinen Katechismus* sich übersetzen lassen in die Wirklichkeit von Konfirmandinnen und Konfirmanden, und daß sich darin etwas von dem ereignen kann, was die Kirche sich vom Konfirmandenunterricht erhofft.

Dazu wünsche ich diesem Buch, den Unterrichtenden und den Konfirmandinnen und Konfirmanden die Gegenwart des Geistes Gottes und gutes Gelingen.

Greifswald, im Juni 1997

Bischof Eduard Berger
Vorsitzender des Rates der Evangelischen Kirche der Union

Einleitung

»Der Katechismus ist der ganzen heiligen Schrift kurzer Auszug und Abschrift« (1529, WA 30 I, S. 128). Als Martin Luther diesen Satz formulierte, ahnte er gewiß nicht, daß sein *Kleiner Katechismus* knapp 500 Jahre später noch immer einen Orientierungsrahmen für Lehren und Lernen im Rahmen der christlichen Gemeinde bietet. Viele Menschen fragen gerade in einer Zeit, in der es nicht mehr selbstverständlich ist, Christ zu werden oder Christin zu sein, wie das Alphabet christlichen Glaubens und seine Zeichen heute zu buchstabieren und zu leben sind. Der *Kleine Katechismus* erfährt deshalb auch in der KonfirmandInnenarbeit, in der jungen Gemeinde und in Gemeindeseminaren ein ganz besonderes, aktuelles Interesse.

Das vorliegende Werk ›*KU zu den 5 Hauptstücken des Kleinen Katechismus*‹ bietet in erster Linie Unterrichtsentwürfe und Materialien für die KonfirmandInnenarbeit. Fünf Hefte behandeln je eines der Hauptstücke des Katechismus: Die 10 Gebote, das Glaubensbekenntnis, das Vaterunser, die Taufe und das Abendmahl. Das Kapitel »Beichte und Vergebung« ist dem Abendmahl zugeordnet.

Das Arbeitsbuch ist eine Sammlung von Unterrichtsentwürfen, orientiert an dem reichen Angebot der in dem KonfirmandInnenbuch ›*Denk mal nach ... mit Luther*‹ enthaltenen Materialien. Besonders geeignete Bilder oder Fotos sind als Poster oder Folien den Heften beigefügt. Obwohl dieses Arbeitsbuch auch ganz unabhängig vom KonfirmandInnenbuch ›*Denk mal nach ... mit Luther*‹ gebraucht werden kann, empfiehlt es sich für die Arbeit mit den Texten, auch das KonfirmandInnenbuch selbst im Unterricht einzusetzen, so daß jedem Konfirmanden und jeder Konfirmandin ein Exemplar zur Verfügung steht.

Alle Unterrichtsentwürfe zielen auf ein prozeßorientiertes und im Ergebnis offenes Lernen. Uns ist wichtig, daß Konfirmandinnen und Konfirmanden ermutigt und befähigt werden,
- *ihre* Erfahrungen oder auch Nicht-Erfahrungen Gottes einzubringen;
- *ihren* Zweifel und Glauben, *ihre* Angst und Hoffnung zur Sprache zu bringen – mit Hilfe oder auch gegen die Vorstellungen der Mütter und Väter;
- in Auseinandersetzung mit der Überlieferung des Alten und Neuen Testaments *eigenständige* Schritte auf dem Wege zum Christwerden und zum Christsein zu entwickeln und zu gehen.

Die Hefte der Unterrichtshilfe folgen einem einheitlichen Aufbau:

EINFÜHRUNG:
Theologisch-pädagogische Reflexion des jeweiligen Artikels des *Kleinen Katechismus* im Blick auf seine Bearbeitung mit Konfirmandinnen und Konfirmanden, älteren Jugendlichen und Erwachsenen.

ENTWÜRFE FÜR DIE KONFIRMANDINNENARBEIT
nach folgendem Muster:
Einführung:
Einstimmung auf das Thema und Überlegungen zu Anknüpfungsmöglichkeiten bei den Konfirmandinnen und Konfirmanden und Überlegungen zur didaktischen Reduktion im Blick auf unterrichtliche Schritte.
Unterrichtsentwürfe für die Arbeit mit Konfirmandinnen und Konfirmanden
ABSICHT: Lehr- und Lernziele, die mit der Bearbeitung verfolgt werden, nicht als überprüfbare Lernvorgaben, sondern als Intentionen formuliert.
MATERIAL: Liste aller benötigten Medien und Materialien.
ZEIT: Gesamtzeit, differenziert unter »Verlauf« (Erfahrungswerte).
VERLAUF: Detaillierte Beschreibung der einzelnen Schritte (»Phasen«) des unterrichtlichen Prozesses.
Dem Grundmuster werden je nach Erfordernissen weitere Kategorien wie z.B. »*AUS DER ERPROBUNG*« hinzugefügt.

MIT ERWACHSENEN:
Viele Schritte, die sich in der KonfirmandInnenarbeit bewährt haben, sind auch in anderen gemeindepädagogischen Zusammenhängen sinnvoll. An die unterrichtlichen Skizzen sind daher oft Vorschläge für die Arbeit mit Erwachsenen angefügt. Jedes Hauptstück enthält außerdem eine oder mehrere Ideen *FÜR EINEN GOTTESDIENST* zum jeweiligen Thema.

MATERIALTEIL:
Schließlich sind in einem ausführlichen Materialteil Poster und Folien, Arbeitsbögen und Handbilder, Spielanleitungen und Liedblätter bereitgestellt, die einen methodisch vielfältigen KU ohne aufwendige Materialbeschaffung ermöglichen.

Neben der KonfirmandInnenarbeit, auf der das Schwergewicht liegt, eignet sich das Unterrichtswerk auch für die gemeindepädagogische Arbeit mit anderen Altersgruppen, wie z.B. älteren Jugendlichen, Erwachsenen und alten Menschen. Insofern trägt sie dem Alltag der Gemeinden Rechnung, in dem die diversen Arbeitsgebiete miteinander verknüpft sind, generationsübergreifend gearbeitet und gelernt wird und die ehrenamtliche Arbeit eine immer größere Rolle spielt. Die Arbeitsgruppe war bemüht, nicht nur den Pfarrerinnen und Pfarrern oder Gemeindepädagoginnen und -pädagogen, sondern auch den ehrenamtlichen Mitarbeiterinnen und Mitarbeitern verständliche und übersichtliche Vorbereitungs- und Verlaufsbeschreibungen anzubieten.

Das aufbereitete und angebotene Material ist sehr umfangreich. Deshalb ist es unerläßlich, aus ihm auszuwählen. Die Unterrichtsentwürfe kommen zum Ziel, wenn ihre Bausteine helfen, einen persönlichen, auf die jeweilige KonfirmandInnengruppe und Gemeindesituation abgestimmten »Lehrplan« zu entwickeln. Es ist in ihrem Sinn, wenn einzelne inhaltliche oder methodische Elemente übernommen, andere modifiziert und in einem neuen Setting z.B. für eine KonfirmandInnenfreizeit oder -rüstzeit zusammengestellt werden. Sie wären auch erfolgreich, wenn sie zu eigenständigen Alternativen für einen kreativen Umgang mit »der ganzen heiligen Schrift kurzem Auszug und Abschrift« anregen. Wir glauben zu zeigen, daß »Katechismus-Unterricht« eine gehalt- und phantasievolle Angelegenheit zugleich sein kann.

Alle Entwürfe sind im KU erprobt und nach den Ergebnissen des Unterrichts entsprechend überarbeitet. An einigen Stellen sind die Ergebnisse der Erprobung wiedergegeben.

1989 erschien das Konfirmandenbuch »Denk mal nach ... mit Luther. Der Kleine Katechismus – heute gesagt«, entstanden im Auftrage des Rates der Evangelischen Kirche der Union, herausgegeben von der Kirchenkanzlei. Das Buch ist eine Sammlung von Materialien für den KonfirmandInnenunterricht, orientiert an Aufbau und Inhalt des *Kleinen Katechismus Martin Luthers*. Noch im gleichen Jahr wurde vom Rat der EKU eine Arbeitsgruppe mit dem Auftrag eingesetzt, Unterrichtsentwürfe und -anregungen zu »Denk mal nach ... mit Luther« zu erarbeiten. Das Ergebnis liegt nun in Form dieses Arbeitsbuches für den KU vor Ihnen.

Wir haben uns während vieler Klausurtagungen gegenseitig dahingehend korrigiert, den Entwürfen eine einheitliche Gestalt zu geben. Dennoch zeigen die Hefte unterschiedliche »Handschriften«. Stil und Zugangsweise variieren je nach Autorin bzw. Autor.

Wir bedanken uns für Mitarbeit und Beratung bei ...

Uschi Baetz	Kunsthistorische Beratung
Ulrike Eichler und Hansjürgen Meurer	Didaktische und verlegerische Beratung
Dr. Wilhelm Hüffmeier	Theologische Beratung
Dr. Reinhard Kirste	Zeitweiliges Mitglied der Arbeitsgruppe; Vorarbeiten zum Kapitel »Taufe«
Olaf Trenn	Autor des Kapitels »Beichte und Vergebung«

Für die Arbeit mit diesem Werk wünschen wir einen ereignisreichen KU!
Pfarrerin Dr. Ulrike Baumann, Dozentin am Pädagogisch-Theologischen Institut der Ev. Kirche im Rheinland, Bonn-Bad Godesberg
Pfarrerin Marion Gardei, Gemeindepfarrerin in Berlin-Dahlem
Pfarrer Dietmar Gerts, Studienleiter am Praktisch-Theologischen Ausbildungsinstitut der Ev. Kirche Berlin-Brandenburg (Predigerseminar), Berlin
Pfarrer Christian Witting, Leiter des Wichern-Kollegs, Ausbildungsstätte für Diakoninnen und Diakone im Ev. Johannesstift Berlin

Berlin/Bonn, im Frühling 1997

EINFÜHRUNG 11

Die Zehn Gebote in unserer Zeit – Theologische Bemerkungen und didaktische Hinweise für die folgenden Unterrichtsvorschläge

DIE ZEHN GEBOTE

Das Leben üben 14

Diese Unterrichtseinheit kann als Einstieg in den Themenbereich »Gebote« verwendet werden. Im Mittelpunkt stehen verschiedene ➜ *Geschichten*, die jede auf ihre Art erzählen, welches Tun lebendig macht und was den Tod bringt. Die Geschichten werden in ➜ *Spielszenen* erarbeitet, Gebote werden zugeordnet, Erklärungen gefunden und mit denen Luthers verglichen. Mit einem ➜ *Leporello* wird das Arbeitsergebnis zusamengefaßt und dokumentiert.

DAS ERSTE GEBOT

Ich bin dein Gott 27

Eine Unterrichtsskizze, um mit Konfirmandinnen und Konfirmanden über Autoritätsverhältnisse im Leben nachzudenken.

DAS BILDERVERBOT

Laß dich nicht täuschen 29

➜ *Optische Täuschungen* vergegenwärtigen, daß unsere Vorstellungskraft im Blick auf Gott begrenzt ist.

DAS ZWEITE GEBOT

Im Namen Gottes? 34

Konfirmandinnen und Konfirmanden entwerfen ein christliches
➜ *Friedensdenkmal*.

DAS DRITTE GEBOT

Dem Sonntag eine Chance geben 38

Ein normaler Sonntag wird mit einem Arbeitsbogen und in einem
➜ *Rollenspiel* analysiert. Eine anschließende ➜ *Phantasieübung* hilft, Chancen und Möglichkeiten dieses Tages zu entdecken.
Mit Erwachsenen 41

DAS VIERTE GEBOT:

Auf der Suche nach den verlorenen Eltern 43

Die Konfirmandinnen und Konfirmanden verdeutlichen sich durch ein
➜ *Gemälde* (Folie), eine ➜ *Fotowand* und durch ➜ *Familienszenen* den Wandel in ihrer Elternbeziehung und entwerfen Zukunftsvorstellungen, wie sie selbst Eltern ihrer Kinder sein wollen.
Mit Eltern, Konfirmandinnen und Konfirmanden 45

DAS FÜNFTE GEBOT
Eine Brücke laßt uns bauen 48
Ausgehend von Luthers Auslegung des Tötungsverbots suchen
Konfirmandinnen und Konfirmanden den ➜ *Weg zu Menschen*, die in
unserer Gesellschaft gefährdet sind.
Ein Gottesdienst 53

DAS SECHSTE GEBOT
Wie man einen Anfang findet 56
In einem ➜ *anonymen Rollenspiel* und an Hand einer ➜ *Geschichte* werden
verschiedene Möglichkeiten erprobt und diskutiert, wie mit dem anderen Geschlecht Kontakt aufgenommen werden kann. Das sechste Gebot wird unter
dem Aspekt »Treue halten« angesprochen.

DAS SIEBTE GEBOT
Was ist denn schon dabei? 60
Mit Hilfe eines ➜ *Videofilms* und eines ➜ *Wandplakats* wird das siebte Gebot auf
gesellschaftliche und weltweite Zusammenhänge hin ausgelegt.
Mit Jugendlichen 64
Mit jungen Erwachsenen 65
Mit einem Presbyterium 66

DAS ACHTE GEBOT
Das zweite Gesicht 67
Ein ➜ *Gemälde* (Plakat) Wolfgang Mattheuers, Das zweite Gesicht, verdeutlicht,
daß Wahrheit und Lüge mit der konkreten Situation eines jeden Menschen zusammenhängen.
Mit jungen Erwachsenen 70

DAS NEUNTE UND ZEHNTE GEBOT
Niemand um sein Glück betrügen 75
Zwei ➜ *Cartoons* (Schwarz-Weiß-Bilder) regen an, über den sinnvollen Umgang mit Wünschen und Bedürfnissen nachzudenken.

Einführung

Daß man nicht töten, nicht stehlen und vor allem bei der Wahrheit bleiben soll, wenn man über andere Menschen spricht, ist für die meisten Menschen in unserer Gesellschaft unmittelbar einleuchtend und wird nur von wenigen bestritten. Eltern erziehen ihre Kinder in diesem Sinn, Staat und Gesellschaft belegen den mit Sanktionen, der sich als Erwachsener nicht daran hält. Sogar die Heiligkeit des Sonntags wird ganz ungeniert und selbstverständlich bei Tarifverhandlungen bemüht, wenn es um geforderte Arbeitszeit am Sonntag geht. Die meisten Eltern, selbst wenn sie aus der Kirche ausgetreten sind, legen denn auch Wert darauf, daß im Konfirmandenunterricht vor allem die Gebote ausführlich behandelt werden. Daß diese sich ursprünglich gar nicht an Kinder sondern an den erwachsenen, freien Israeliten richten, ist dabei kaum im Blick. Dies macht deutlich: Die zehn Gebote sind in den Fundus unseres Kulturgutes eingegangen. In säkularisierter Form, also ohne biblische Begründung in der befreienden Tat Gottes, als das Verhältnis der Menschen untereinander regelnde Gebote bilden sie die Grundlage des Rechtsempfindens und der Gesetzgebung.

Dennoch sind die zehn Gebote weit weniger tatsächlich handlungsbestimmend, als die flüchtige Betrachtung dieses als »Basis-Ethik« verinnerlichten Kulturgutes ahnen läßt. Der Alltag scheint sich im Gegenteil davon zu entfernen. Ist doch z.B. das »falsche Zeugnis« gerade in Situationen, in denen es darauf ankommt, weitaus leichter (und öfter?) auf den Lippen als die unbequeme Wahrheit: Aussagen bei Verkehrs- und anderen Delikten, Zeitungsenten, Beteuerungen von Politikern, Diskussionsbeiträge mit denen Mann und Frau sich interessant machen wollen (Talkshows), die unendliche Geschichte der Stasi. Weitere »Alltäglichkeiten« sind rasch aufgezählt. Wieviele ehemalige DDR-Bürger haben die grenzenlose Begehrlichkeit nach – längst vergessenem – Alteigentum erfahren? Wieviele »Ehegeschichten« kennen Leserin und Leser dieser Zeilen? Wieviele Tote fallen tagnächtlich aus dem Bildschirm ins Wohnzimmer, obwohl das nachweislich vor allem bei Kindern und Jugendlichen auf die Dauer zu Ängsten oder Abstumpfung führt?

Die Diskrepanz zwischen einer breiten Zustimmung und der Tatsache, daß das sichtbare Verhalten von ganz anderen Maßstäben stärker geprägt ist, signalisiert eine Orientierungskrise im Bereich der Werte und Normen. Das ist nicht neu, und die Ursachen sind vielfältig: Mangel an glaubwürdigen Vorbildern, allgemeiner Traditionsabbruch, Abschied von »Autoritäten«, fehlende Kraft gesellschaftlicher Instanzen – nicht nur der Kirchen – akzeptierte Verhaltensregeln zu setzen. Auch hat der Zusammenbruch der DDR vor allem für den Ostbereich hier in vielen Dingen beschleunigend gewirkt. Letztlich scheint in einer zunehmend pluralen und multikulturellen Gesellschaft die Akzeptanz übergreifender Werte und Normen erst einmal schwer denkbar. Damit erweitert sich der Gestaltungsspielraum der einzelnen in moralischer Hinsicht erheblich.

Die Lockerung ethischer Außenbindungen bedingt eine Individualisierung ethischer Normen und Entscheidungen. Vor allem jüngere Menschen, hier gewiß Indikator gesamtgesellschaftlicher Tendenzen, sind immer weniger bereit, sich in Fragen der persönlichen Lebensführung an traditionellen Vorgaben zu orientieren. Jede und jeder will und muß mit sich selbst ausmachen, wie er oder sie leben will und was dabei verantwortet werden kann oder nicht.[1] Alles andere wird leicht als Eingriff in die eigenen Entfaltungsmöglichkeiten verstanden. Dieser Freiheitsspielraum birgt Chancen der Selbstentfaltung, hat aber auch seinen Preis. Er wird erkauft mit dem »Zwang zu individuell zu erbringenden Reflexionsleistungen anstelle der Befolgung selbstverständlicher Normen«.[2] Das setzt Geduld, Verantwortungsbewußtsein, Solidarität, nicht zuletzt Bildung, schließlich auch die Bereitschaft voraus, sich selbst jeweils neu in Frage zu stellen – ein weites Feld für auszustehende Konflikte.

Kinder und Jugendliche befinden sich hinsichtlich ihres moralischen Bewußtseins noch in der Entwicklung. Sie durchlaufen zunächst Stadien einer an konkrete Personen und Regeln gebundenen Moral bevor sie – vielleicht als junge Erwachsene – eine allgemeinere, prinzipienorientierte Ethik ins Auge fassen können. Erfahren sie auf diesem Weg keine ausreichende Begleitung, sind sie in einer offenen Gesellschaft leicht überfordert. Eine mögliche Konsequenz: Sind die Probleme des eigenen Lebens auf die Dauer nicht befriedigend lösbar, wächst die Bereitschaft, wieder einfachen Lösungsversprechen Gehör zu schenken. Radikale Gruppen und Parteien, darunter auch die Sekten der sog. Jugendreligionen, gewinnen ihren Zulauf aus diesem Milieu.

Sich all diese Fragen und Entwicklungen zu vergegenwärtigen und dennoch problembewußt die zehn Gebote in der guten Hoffnung zu lehren, daß sie von Jugendlichen und Erwachsenen hilfreich in Gebrauch genommen werden, ist die Kunst. Die folgenden Seiten bieten keine Patentrezepte. Sicher sind sie ein weiterer Versuch, sich der »Relevanzkrise«[3], der schwindenden Bedeutung der zehn Gebote für die tatsächlichen Handlungsvollzüge, didaktisch zu stellen.

---

1 Vgl. **Heiner Barz, Postmoderne Religion,** Band 1, Opladen 1992, S. 70.
2 Zit. **Barz, Religion,** Band 1, S. 28.
3 Vgl. **Hans Gerhard Maser, Die 10 Gebote im Konfirmandenunterricht**, in: Der evangelische Erzieher, Jg. 1990, Heft 2, S. 153.

Konfirmandinnen und Konfirmanden, aber auch Erwachsene, müssen Zeit und Anregungen erhalten, sich die Gebote von ihrer theologischen Mitte her zu erschließen, der Selbstvorstellung Gottes mit dem befreienden Handeln an den Menschen. Die zehn Gebote haben ihren Ausgangspunkt in der Überlieferung, daß Gott sein Volk aus der Knechtschaft in Ägypten geführt hat, und sie beginnen nicht mit einer Forderung, sondern mit der Erinnerung an diese Befreiung. Es geht ihnen darum, daß an diesen Gott gebundene Menschen sich für ihr Leben diese Freiheit bewahren. Die einzelnen Gebote könnte man daher mit J. Ebach als Weisung unter folgendem Leitthema zusammenfassen: »Ich habe euch befreit, und nun lebt wie freie Menschen, fallt in keine Knechtschaft zurück, sondern lebt so, wie es der geschehenen Befreiung entspricht!«[4] Wo die Gebote so ausgelegt werden, daß sie einen anderen Menschen knechten, werden sie also pervertiert. Andererseits hat die Befreiung verbindliche Konsequenzen: Es gilt Anweisungen einzuhalten, die verhindern, daß ein mir gleicher und gleichberechtigter Mensch in seiner Freiheit an Leib, Leben und sozialer Sicherheit geschädigt wird. Damit kann der Dekalog vor aller Zergliederung als Gesamtsymbol festgehalten und auf das eigene Leben bezogen werden. Seine Auslegung vom Freiheits- und Gemeinschaftsgedanken her kann hilfreich sein auch für den Umgang mit Freiheitsspielräumen in unserer modernen Gesellschaft.

Die folgenden Bausteine zur Erarbeitung der zehn Gebote wollen diesen befreienden und lebenschützenden Aspekt entfalten. Sie werden in der ersten Einheit vorgestellt als Regeln einer gerechten Lebensordnung für ein Zusammenleben in Freiheit. Der Vorschlag »Das Leben üben« kann als eine Einführung in den Dekalog insgesamt verstanden werden. Er will durch ein problemorientiertes Vorgehen anhand verschiedener Geschichten verdeutlichen, wie Menschen durch ihr Handeln Leben verspielen oder gewinnen können. Durch das Entwickeln von Spielszenen werden die hier vorgestellten Problemfälle nachempfunden. Die zehn Gebote werden in diesem Zusammenhang als Hinweise eingeführt, die zum Leben helfen.

Die Gebote verdanken sich einem Gott, der bis heute die Freiheit der Menschen will. Sie sollen deshalb nicht in die Knechtschaft menschlicher Autoritäten geraten müssen. Das verdeutlicht die Skizze zum ersten Gebot. Gott läßt sich nicht auf begrenzte Vorstellungen einengen und er will den Menschen nicht einengen. Dies hebt das Bilderverbot hervor. Deshalb versucht die Einheit hierzu, durch den Umgang mit optischen Täuschungen die Grenzen menschlichen Schauens und menschlicher Vorstellungen aufzuzeigen. Gottes Name wird dort richtig gebraucht, wo seine Liebe zu allen Menschen zur Sprache kommt. Aber in unserer Geschichte sind im Namen Gottes Menschen zu Feinden erklärt und getötet worden. Kriegsdenkmäler legen von dieser Geschichte Zeugnis ab. Dagegen sollen die Konfirmandinnen und Konfirmanden in der Einheit zum zweiten Gebot ein Denkmal entwerfen, das dem friedlichen Zusammenleben gesetzt werden kann. Gott gewährt uns Zeit, freie Zeit, um das Geschenk des Lebens zu genießen. Weil diese Chance oft verspielt wird, will die Einheit zum dritten Gebot die Phantasie anregen, um neue Möglichkeiten des Sonntags zu entdecken.

Innerhalb des gemeinsamen Lebensraumes soll das Verständnis der Generationen füreinander auch durch Konflikte hindurch wachsen können. Durch die Auseinandersetzung mit Familienbildern und Familienszenen will die Einheit zum vierten Gebot daher ermutigen, die Beziehung zu den eigenen Eltern bei allem Wandel aufrechtzuhalten. Jeder hat vor Gott und den Menschen ein Recht auf ein menschenwürdiges Leben und körperliche Unversehrtheit. Aber gab es jemals eine Gesellschaft ohne Randständige, die um ihre Menschenwürde oder gar um ihr Leben fürchten mußten? Angeleitet durch das fünfte Gebot sollen die Konfirmandinnen und Konfirmanden den Weg gerade zu den Menschen suchen, die in unserer Gesellschaft am Rande stehen und bedroht sind. Menschen sollen sich ohne Gewalt in Liebe und Partnerschaft begegnen können. Im Konfirmandenalter stellt sich in der Regel die Frage, wie man den Anfang für eine solche Partnerschaft findet. Eine Geschichte soll im Rahmen der Beschäftigung mit dem sechsten Gebot eine Plattform bieten, um über diesen Beginn ins Gespräch zu kommen. Niemand soll Mangel leiden müssen, weil alle ein Gefühl für das rechte Maß behalten. Wie wenig unser moderner Alltag allerdings diesem Grundsatz entspricht, stellt eine Geschichte heraus, die ein Videofilm zum siebten Gebot erzählt. Angeregt durch diesen Film sollen die Konfirmandinnen und Konfirmanden selber herausfinden, was es heute bedeuten könnte, der Prämisse »Du sollst nicht stehlen« zu folgen. Das Recht der freien Rede schließt den ehrlichen und vertrauensvollen Umgang miteinander ein. Doch im Alltag treten Menschen einander verschlossen und mit allzu glatter Fassade gegenüber. Was steckt hinter dem »zweiten Gesicht«, wie Wolfgang Mattheuer sein Bild genannt hat, das im Zentrum der Einheit zum achten Gebot steht? Mit Hilfe der zehn Gebote läßt sich eine Lebensgemeinschaft erhalten, in der niemand um sein Glück betrogen wird. Warum fällt es Menschen so schwer, dieser Einsicht zu folgen? Warum verunstaltet uns der Neid zu einer Karikatur unserer selbst, fragt die Einheit zum neunten und zehnten Gebot.

---

4 **Zit. Jürgen Ebach, Gebote sind keine kurze Fassung der biblischen Ethik,** in: ru-intern, Heft 4/1995, S. 6.

Aufgrund der geschilderten Ausgangssituation wäre es gut, für die Behandlung der Gebote einen größeren Zeitraum anzusetzen. Mit dem Memorieren dieses Katechismusstückes ist es nicht getan. Wer darauf den Schwerpunkt legt, fördert mit Sicherheit eine legalistische Engführung, derzufolge sich die Gebote hauptsächlich als Verbotssätze in den Köpfen festsetzen. Dem wollen die folgenden Entwürfe entgegenwirken. Die erste Einheit gibt bewußt einen Rahmen vor, der die Gebote im Kontext eines befreiten Lebens betrachtet und verankert. Auf den Seiten 23-74 findet sich zu jedem weiteren Gebot eine Unterrichtseinheit, die diesen Gedanken, bezogen auf ein Einzelproblem, weiterführt. Manche Bausteine sind nur skizzenhaft (1., 2., 9. und 10. Gebot), andere ausführlicher dargestellt. Alle vorgeschlagenen Entwürfe bilden in sich abgeschlossene Einheiten und können jeweils auch einzeln verwendet werden. Die Unterrichtenden sollen eine Auswahl treffen und die Schwerpunkte setzen, die der Situation ihrer jeweiligen Lerngruppe am besten entsprechen.

Die zehn Gebote

Das Leben üben

Eine Situation spitzt sich zu, ein Wunsch soll erfüllt werden, ein Unglück ereignet sich. Das Leben wird eng, spannend, manchmal peinlich oder gefährlich, und erst einmal ist gar nicht klar, wie alles ausgehen wird ...

So entstehen Geschichten. Sie erzählen, wie sich bestimmte Menschen an tatsächlichen oder konstruierten Schnittstellen ihres Lebens verhalten haben – nicht, um alles zu dokumentieren, eher, mit einem alten Wort gesagt, um uns »zu erbauen«: Wir sollen von dem Gewinn erfahren oder dem Schaden, der sich einstellt, wenn so oder eben anders gehandelt wird. Sehr grundsätzlich geht es darum, was uns lebendig macht und was den Tod bringt. Da sind die biblischen 10 Gebote immer nahe. Häufig ist das ausdrücklich gewollt. Das Wort »Erbauung« will zugleich die Gefahr anzeigen: Ein – ohnehin kontraproduktiver – Zeigefinger, der Gottes Gebote als »Moral« mißversteht.

Eine gute Geschichte wird sich von einer bloß »erbaulichen« dadurch unterscheiden, daß einem eben keine Moral aufstößt, sich eher Stille, manchmal auch Trauer oder Heiterkeit breitmachen. Gleichwohl: Jede Leserin und jeder Leser wird das an den in diesem Unterrichtsentwurf verwendeten Geschichten selbst prüfen müssen.

Die Unterrichtsidee ist damit schon erzählt. »Denk mal nach ... mit Luther« bietet zur Erschließung der Gebote eine ganze Reihe von Kurzgeschichten an. Dieses Arbeitsmaterial illustriert die Befreiungsgeschichte Gottes in anderen Kontexten. Sie bekommt ungewohntes Leben und kann so von Jugendlichen im Konfirmandenalter vielleicht leichter nachvollzogen und existentiell gedeutet werden.

Es ist intensiv und reizvoll, den Unterricht über »die Gebote« mit dem nachstehenden Unterrichtsprojekt zu beginnen und anschließend das Thema an Hand einiger Einzelgebote zu vertiefen, die sich aus dem Verlauf nach den Interessen der Konfirmandinnen und Konfirmanden nahelegen.

Variante A	Variante B	Variante C
für 12 und mehr Konfirmandinnen und Konfirmanden	für 4-12 Konfirmandinnen und Konfirmanden	für mehr als 25 Konfirmandinnen und Konfirmanden
1. Stunde	*1. Stunde*	*Ein Konfirmandennachmittag*
1. Kurze Einstimmung mit Bewegungsspielen	1. Geschichten in einem Pictogramm darstellen und erzählen	1. Begrüßung
2. Entwicklung einer Spielszene (Gruppenarbeit)		2. Einstimmung über Bewegungsspiele
3. Eine kurze Pause		3. Entwicklung einer Spielszene (Gruppenarbeit)
4. Vorstellung der Spielszenen		4. Eine kurze Pause
		5. Vorstellung der Spielszenen
2. Stunde	*2. Stunde*	*Große Pause mit Erfrischungen*
5. Einstimmung mit einem Standbild	Wie Variante A Pkt 5-7	
6. Gebote und Geschichten einander zuordnen		6. Zusammenkommen und z.B. gemeinsam singen
7. Eigene »Erklärungen« zu den Geboten finden		7. Arbeit an der »Gebotewand«
		8. Ein Abschluß
3. Stunde	*3. Stunde*	*Eine weitere Stunde*
8. Memorierübungen zur Auswahl	Wie Variante A Pkt 8	9. Wie Variante A Pkt. 8-10
9. Vergleich mit Luthers Erklärungen		
10. Arbeitsergebnisse in einem Leporello dokumentieren		

Absicht

Konfirmandinnen und Konfirmanden sollen sich mit Hilfe verschiedener Kurzgeschichten erarbeiten, welche Lebenschancen die 10 Gebote eröffnen. Sie sollen ihre Einsichten formulieren, in ein Gespräch mit den Erklärungen Luthers bringen und ein persönliches Arbeitsergebnis festhalten.

Zeit

Variante A: 3 x 60-90 Minuten (je nach Gruppengröße)
Variante B: 3 x 45-60 Minuten (je nach Gruppengröße)
Variante C: 4 Stunden an einem Nachmittag und 1 x 60 Minuten

Material

Die nachstehend genannten Geschichten oder eine Auswahl davon.

GEBOT	TITEL DER GESCHICHTE	FUNDORT[1]	SPIELER[2]
1 Bilderverbot	Gottesfurcht, nicht Menschenfurcht	S. 18	2
	Das Gottschauen	M 1	3
2	Hiroshima-Gebet	S. 24	2
3	Die Ruderer	M 2	4
4	Die drei Söhne oder[3]		
	Gefährten oder Tod	S. 34 / S.35	4 / 2
5	Die Hinrichtung	S. 94	3
6	Alligator-River	M 3	4-5
7	Die Hochzeit	S. 56	4
8	Der Axtdieb	S. 61	2
9/10	Die Bananen	M 4	4

- Packpapier
- Dicke Filzer oder entsprechend dicke Ölkreiden
- Klebeband aus Kreppapier
- Für das Leporello: Jede Konfirmandin und jeder Konfirmand bekommt 6 Blatt[4] DIN A3 Papier[5], die Kopien der verwendeten Geschichten, eine Kopie von Luthers Erklärungen; Klebstoff, durchsichtiges Klebeband, Buntstifte in vielen Farben
- Für Variante B außerdem: breite Pinsel, Farben, Küchenkrepp
- Für die Pause: Saft, Kekse, Rohkost, ...

Vorbereitungen

- Organisationsform festlegen.
  In den Varianten A und B wird der Unterricht in der üblichen Gruppe und im gewohnten Zeitrahmen beschrieben. Das spielerische Verfahren und die durch zehn Gebote gegebene Themenfülle bieten aber auch an, sich z.B. mit der Nachbargemeinde zu einem besonderen »Konfirmandentag« zu verabreden. Auf diese Weise kann etwa die Bedeutung des Themas unterstrichen, die methodischen Möglichkeiten besser ausgeschöpft und/oder einfach eine Abwechslung im Unterrichtsalltag gesetzt und die Gruppe dadurch neu stabilisiert werden. Die Variante C bietet dafür eine Struktur.

▼
- Abhängig von der Gruppengröße eine Auswahl aus den Geschichten treffen und sie in der benötigten Anzahl ohne Titel kopieren.
- Für jedes Gebot 3 Plakate in der Größe 50 x 50 cm aus einer Packpapierrolle zurechtschneiden. Alle Rollen sind 1 m breit, müssen also nach Abmessen der Länge nur noch halbiert werden.

»Titelplakat« hat zunächst nur einen Trennungsstrich in der Mitte

»Geboteplakat« mit dem Text des Gebotes

»Erklärungsplakat« ist zunächst leer

Verlauf

VARIANTE A:
12 und mehr Teilnehmende

1. STUNDE

1. Kurze Einstimmung mit Bewegungsspielen
Aus der unter **M 5** abgedruckten Spielesammlung ein Spiel aussuchen und in der Gruppe anleiten.

2. Entwicklung einer Spielszene (Gruppenarbeit)

- Wir werden heute einen kleinen Theaternachmittag erleben. Zur Aufführung gelangen einige nachdenkliche, listige oder gemeine Geschichten. Wie es sich im Theater gehört, gibt es Zuschauer und Schauspieler. Meistens gehören wir zu den Zuschauern. Aber heute, in unserem Theater, ist jeder von uns auch einmal Schauspieler oder Schauspielerin. Ich werde jetzt anschreiben, wieviele Schauspieler die einzelnen Stücke haben müssen (Geschichte 1 = 2; Geschichte 2 = 3 usw.). Ihr könnt euch währenddessen verständigen, mit wem ihr gerne zusammenarbeiten möchtet.

Arbeitsfähige Gruppen bilden. Jede Gruppe erhält die Kopien »ihrer« Geschichte, den mit einem Trennungsstrich versehenen Plakatbogen und einen dicken Filzstift.
Arbeitsauftrag:
- Sucht euch eine Ecke, wo ihr die nächsten 30 Minuten in Ruhe arbeiten könnt: Unterrichtsraum, Gemeindesaal, Kirche, Sakristei, Treppenabsatz, Jugendkeller, im Freien ...
- Lest Euch die Geschichte vor und überlegt, wie ihr sie den anderen vorspielen könnt.
- Probt euer Stück ein- oder zweimal.
- Findet zum Schluß einen treffenden Titel zu eurer Geschichte und schreibt ihn mit großen und schönen Buchstaben auf die obere Hälfte eures Plakates.
▼

---

1 Die Seitenzahlen beziehen sich auf das Unterrichtsbuch »**Denk mal nach ...**«.
2 Angegeben ist die Mindestzahl der Spielerinnen nd Spieler. Die Geschichten zum Bilderverbot, zum 3., 7. und 8. Gebot lassen sich noch besser mit mehr Teilnehmenden spielen.
3 Zur Erarbeitung des 4. Gebotes eignet sich auch »**Der alte Großvater und sein Enkel**« in Grimms Märchen.
4 Beschrieben ist ein Exemplar für alle 10 Gebote. Wurde eine Auswahl getroffen, Material entsprechend reduzieren, bei 8 Geboten 5 Blatt austeilen, bei 6 = 4 usw. Eventuelle Leerseiten der freien Gestaltung überlassen.
5 Bei der Verwendung von A 4-Papier müssen die der Einheit zugrundegelegten Geschichten entsprechend verkleinert werden.

3. Eine kurze Pause ...

damit die schnelleren Gruppen einen »legalen« Aktionsraum haben und die langsameren etwas zusätzliche Zeit gewinnen.

4. Vorstellung der Spielszenen

Die Gruppen spielen ihre Geschichten im Plenum vor. Nach jedem Vorspiel wird das Plakat mit dem Titel an eine freie Wand geklebt und ggf. mit einigen Worten erklärt.
Anschließend wird nach Vorschlägen aus der Gesamtgruppe jeweils folgender Satz vollendet:

Es ist gut (nicht gut), wenn ...

Dieser Satz wird unter den Titel auf die freie Hälfte des Plakates geschrieben.

Beispiel aus der Erprobung zur Geschichte »Die Bananen« (9./10. Gebot)

> Einer gegen Alle
>
> Es ist nicht gut, unverschämt zu sein

2. STUNDE

5. Einstimmung mit einem Standbild

Die Konfirmandinnen und Konfirmanden setzen sich nach den Arbeitsgruppen zusammen und überlegen sich ein Standbild zu der Geschichte, die sie in der vorangegangenen Stunde gespielt haben (5 Min.).

EIN STANDBILD BAUEN

Ein oder mehrere Teilnehmer stellen eine Situation, eine Handlung, einen Satz aus einer Geschichte usw. dadurch dar, daß eine entsprechende typische Haltung mit dem eigenen Körper eingenommen und unbeweglich, »wie ein Standbild«, darin verharrt wird. Der oder die Darsteller können sich so stellen, wie es eigenen Vorstellungen entspricht, oder wie sie von einem vorher bestimmten weiteren Gruppenmitglied, der »Künstlerin« bzw. dem »Künstler«, nach dessen Vorstellungen zum Thema aufgestellt werden.
Dieses Verfahren eignet sich hervorragend zur thematisch orientierten Auflockerung eher »starrer« Situationen (z.B. am Anfang, nach einer Pause, bei Müdigkeit ...). Das Verfahren macht das Unterrichtsthema ohne großen Zeitaufwand (wieder) präsent, lebendig und animiert zum Gespräch.

EIN STATUENTHEATER

entsteht dadurch, daß mehrere Standbilder eines Themas hintereinander gezeigt werden. Eine Geschichte oder auch ein biblischer Text wird dazu in Abschnitte unterteilt, die jeweils mit einem Standbild dargestellt und auf diese Weise »bebildert« und »erzählt« werden. Erarbeitung und Vorführung eines Statuentheaters beansprucht erheblich mehr Zeit als eine »Besichtigung« einzelner Standbilder.
Das Statuentheater gewinnt erheblich an Wirkung, wenn die betrachtende Gruppe den Aufbau der einzelnen Standbilder nicht verfolgen kann sondern nur das Ergebnis sieht. Das läßt sich am einfachsten durch ein von 2 Gruppenmitgliedern gehaltenes großes Tuch (Doppellaken) erreichen, das den Aufbau verdeckt und lediglich zur Besichtigung des fertigen Bildes »herabgelassen« wird. Gruppen, die gerne spielen, lassen sich auch darauf ein, während der Entstehungsphase der Bilder die Augen zu schließen und sie auf ein verabredetes Signal (z.B. den Ton einer Triangel, einer Flöte, Gitarre usw.) zu öffnen und dann wieder zu schließen, damit das nächste Bild entstehen kann.

Die Standbilder werden nacheinander aufgebaut. Das Plenum rät die dazugehörige Geschichte (ggf. wird sie noch einmal in Stichworten erzählt) und sucht von der »Plakatwand« den entsprechenden Titel heraus. Alle sprechen dann gemeinsam den dazu gefundenen Satz »Es ist gut (nicht gut), wenn...«

6. Gebote und Geschichten einander zuordnen

Jede Gruppe bekommt jetzt nach einer entsprechenden Überleitung ein Geboteplakat. Das Gebot soll einer der Geschichten zugeordnet werden.
Die Zuordnungen werden vorgestellt und begründet. Das Geboteplakat wird dabei neben oder unter das Titelplakat gehängt.

Beispiel aus der Erprobung zur Geschichte »Die Bananen« (9./10. Gebot)

> Einer gegen Alle
>
> Es ist nicht gut, unverschämt zu sein

> Du sollst nicht begehren deines Nächsten Haus, Weib, Knecht, Magd, Vieh, noch alles, was sein ist.

Diskussion des Ergebnisses:
- Sind für manche Geschichten mehrere Gebote gefunden worden, für andere keines?

Vorschläge für Alternativen sammeln und diskutieren.

▼ Ein Ergebnis festhalten, mit dem die Gruppe einverstanden ist.
Weitere Anregungen für ein Gespräch zur Auswahl:
- Eine Reihenfolge für die Gebote überlegen und an der Plakatwand dokumentieren.
- Wie sind die Gebote entstanden?
Wenn es sich anbietet, kann an dieser Stelle eine kurze biblische Information zum Ursprung der Gebote gegeben werden.
- In welcher Situation findet ihr es besonders wichtig, daß die Gebote befolgt werden?
- Ist es eher leicht/eher schwer, nach den Geboten zu leben?
- Stellt euch vor, ihr fändet zu Hause ein Geschenk vor. Hübsch verpackt, euer Name darauf, kein Zweifel, es ist für Euch. Ihr wickelt es erwartungsvoll aus. Was ihr als Geschenk findet, ist ein Kärtchen mit den zehn Geboten ...

7. Eigene Erklärungen zu den Geboten finden

- »Wenn ich in einem Satz sagen soll, wozu dieses Gebot gut ist ...« Jede Gruppe schreibt zum Abschluß zu dem Gebot, das ihrer Geschichte zugeordnet wurde, eine kurze Erklärung. Die Erklärung wird auf dem dritten Plakat notiert (5 Min.).

Die Gebotewand wird mit der Vorstellung der »Erklärungen« komplettiert. Dicht zusammengeklebt sind so 10 Tafeln entstanden, die den Arbeitsprozeß spiegeln und die einzelnen Gebote mehrmals erläutern.

Beispiel aus der Erprobung zur Geschichte
»Die Bananen« (9./10. Gebot)

Einer gegen Alle	Du sollst nicht begehren deines Nächsten Haus, Weib, Knecht, Magd, Vieh, noch alles, was sein ist.	Was anderen gehört, soll man nicht wegnehmen.
Es ist nicht gut, unverschämt zu sein.		

3. STUNDE

8. Kurze Memorierübungen zur Auswahl

Die Gruppe versammelt sich vor der Gebotewand:
Gebote gemeinsam lesen.
Jemand liest den Anfang eines Gebotes, die Gruppe vervollständigt gemeinsam.
Einzelne Konfirmandinnen und Konfirmanden lesen ein Gebot, die Gruppe antwortet jeweils mit einer Erklärung von der Gebotewand.[6] In einer weiteren Runde zunächst die Erklärung lesen lassen und mit dem jeweiligen Gebot antworten lassen.

▼ Die Gruppe dreht sich mit dem Rücken zur Gebotewand: Die oder der Unterrichtende nennt die ersten 3-4 Worte eines Gebotes, eine Konfirmandin/ein Konfirmand ergänzt, darf sich anschließend umdrehen und selbst von der Gebotewand die ersten 3-4 Worte eines anderen Gebotes als Aufgabe nennen usw.
Es werden 3-4 zusammenhängende Worte aus der »Mitte« oder vom Ende eines Gebotes genannt, die Nachbarin/der Nachbar ergänzt, sucht sich dann selbst von der Gebotewand eine neue Aufgabe aus usw.
Eine Erklärung vorlesen und aus dem Gedächtnis das betreffende Gebot nennen lassen.

Schlußrunde:
Die Gebote werden gemeinsam auswendig gesprochen; danach noch einmal in der Weise, daß jemand einzeln mit den ersten 5 Worten des ersten Gebotes beginnt, der Nachbar/die Nachbarin dann mit den nächsten 5 Worten fortfährt usf. in der Runde, bis die Gruppe am Ende des letzten Gebotes angelangt ist.

9. Vergleich mit Luthers Erklärungen

Luthers Erklärungen im Unterrichtsbuch aufschlagen und lesen.[7]
Fragen klären
Gemeinsamkeiten und Unterschiede zu den eigenen Erklärungen feststellen

10. Ein Leporello anfertigen

Das Arbeitsergebnis soll festgehalten werden: Geschichten, Titel, Gebote, Erklärungen, wichtige Einsichten aus den Gesprächsphasen. Das vorgeschlagene Leporello wird auf Vorder- und Rückseite gestaltet, damit es nicht zu dick wird. Es kann in einen »Konfirmandenhefter« integriert werden. Das beschriebene Exemplar bietet für alle 10 Gebote Platz. Gebote, die aufgrund der Geschichtenauswahl nicht bearbeitet werden konnten, können erst einmal an der entsprechenden Stelle notiert werden. Vielleicht ergibt sich später eine Gelegenheit, darauf zurückzukommen und diese Seiten des Leporellos weiter zu füllen.
Nachstehende Anleitung am besten erst einmal Schritt für Schritt selbst ausprobieren. Manches ergibt sich dann von alleine. Die Anleitung gelingt am schnellsten, wenn die einzelnen Arbeitsschritte an einem eigenen Exemplar vorgemacht werden.

An jede/jeden 6 Blatt DIN A3 Papier austeilen. Bögen in der Mitte falten, daß ein A4 Format entsteht.
▼ Bögen wieder auseinanderfalten und auf die jeweils linke Seite, wie in der Skizze angegeben, eine Geschichte kleben.[8]

---

6 Es muß vorher vereinbart werden, welche der erklärenden Sätze von der Gebotewand verwendet werden.

7 **Denk mal nach ...**, S. 12-15.
8 Der Skizze liegt die vollständige Tabelle auf S. 11 zugrunde. Hat sich die Gruppe auf eine andere Zuordnung von Gebot und Geschichte verständigt, muß die Reihenfolge entsprechend geändert werden.

18 | Die zehn Gebote | Das Leben üben

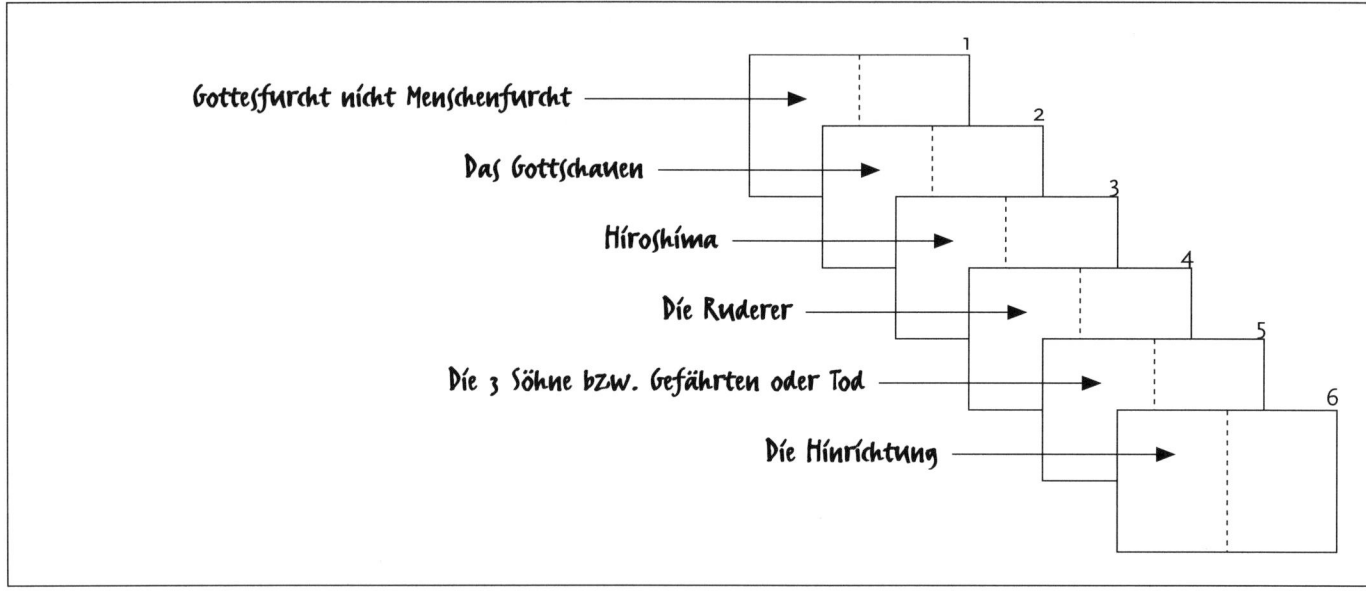

▼ Die Bögen der Länge nach mit durchsichtigem Klebeband zusammenkleben.

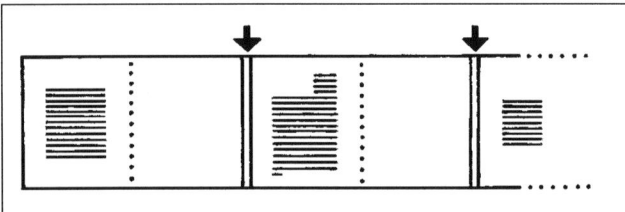

Das Papierband jetzt so falten, daß der jeweils leere Seitenteil auf den Kopien der Geschichten zu liegen kommt. Es entsteht ein Paket im A4 Format, die Knickfalten im Papier liegen dann alle rechts, die mit durchsichtigem Klebeband zusammengeklebten Ränder alle links.

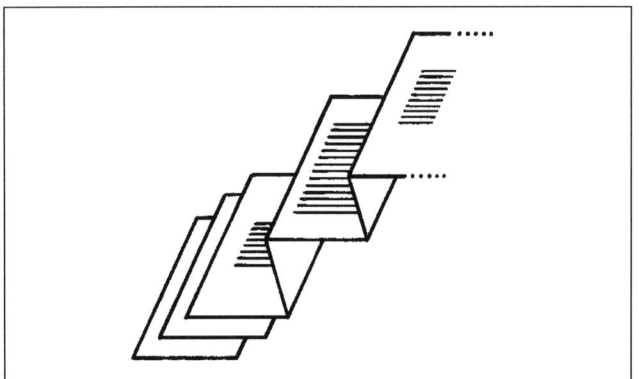

Den ganzen Stapel umdrehen. Oben liegt jetzt die zukünftige Titelseite, zur Probe nach *links* aufklappen. Die erste Geschichte (hier »Gottesfurcht nicht Menschenfurcht«) muß links liegen, die rechte Seite ist leer. Wieder zuklappen

Jetzt die Titelseite nach *rechts* aufklappen. Der Klebestreifen ist in der Mitte. Auf dem Doppelblatt kann z.B. die Kopie der Erklärungen Luthers zu den Geboten eingeklebt werden.

▼ Die restlichen Geschichten der Reihe nach wieder jeweils auf der linken Seitenhälfte einkleben.
Zurückklappen und die Titelseite mit Buntstiften oder Ölkreiden gestalten.
Auf dem jeweils rechten Seitenteil kann im Gegenüber zur Geschichte eingetragen werden:
- Das betreffende Gebot
- Die selbst formulierte Erklärung des Gebotes
- Eine dazu passende Passage aus Luthers Erklärungen
- Der Merksatz zur Geschichte: »Es ist gut/nicht gut, wenn ...«
- Eine festgehaltenes Ergebnis aus den Gesprächsphasen.

Die letzte Seite
- kann auf ein leeres Blatt eines festen »Konfirmandentagebuchs« geklebt werden.
- soll so gefaltet werden, daß links ein Rand zum Lochen entsteht und das Leporello in einen Konfirmandenhefter eingeordnet werden kann.

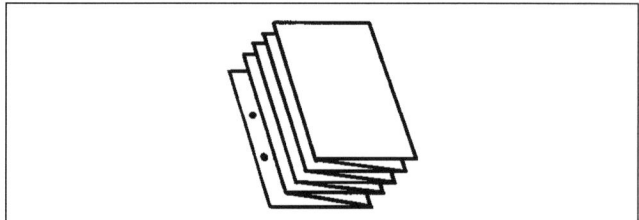

VARIANTE B:
4-12 Teilnehmende

▼ In kleineren Gruppen ist der unter A beschriebene Verlauf auch in drei Stunden von 45-60 Minuten realisierbar. Die Erarbeitung und Präsentation der ausgewählten Geschichten erfolgt in diesem Fall durch ein in Partner- oder Einzelarbeit erstelltes, großformatiges Piktogramm, das als Erzählhilfe dient.

EIN PIKTOGRAMM ALS ERZÄHLHILFE MALEN

Material:
- Packpapier in der Größe 100 x 100 cm. Das entspricht der Breite einer Packpapierrolle und macht beim Zuschneiden die wenigste Mühe.
- Pinsel mindestens 2 cm breit
- Wasserfarben (Fingermalfarbe, Dispersionsfarbe)
- Wassergefäße, Küchenkrepp

Unter »Piktogramm« wird hier eine einfache Grafik oder symbolische Strichzeichnung verstanden. Es dient dazu, das Erzählen zu unterstützen. Das Piktogramm kann z.B. eine Starthilfe sein (»Das ist ein Armband. Natürlich geht dieses Armband verloren ...«), eine wirksame Hörmotivation (»Das Bild sieht auf den ersten Blick rätselhaft aus, aber es paßt gut zu der Geschichte, die ihr jetzt gleich hören werdet.«), schließlich auch eine Erinnerungsstütze für Erzählende und Zuhörende.

Jedes Gruppenmitglied erhält ein kopiertes Exemplar der Geschichte, die erzählt werden soll. Nach ein- oder zweimaligem Durchlesen wird ein Gegenstand (ein Armband, ein Auto, eine Flasche Wein usw.) unterstrichen, an den beim Erzählen angeknüpft werden soll. Läßt sich kein geeigneter Gegenstand im Text finden, kann der »wichtigste« (provozierendste, rätselhafteste, schönste, ärgerlichste, oder einfach der vielversprechendste) Satz unterstrichen werden. Anschließend wird dann überlegt, wie dieser Satz symbolisiert werden kann (»Sie klagte ihr Leid« kann z.B. durch 2 oder 3 große Tränen dargestellt werden).

Wenn dieser Entscheidungsprozeß abgeschlossen ist, nimmt sich jedes Gruppenmitglied einen der bereitgelegten Packpapierbögen, einen Pinsel und wählt eine (!) Farbe aus.

Als erster Arbeitsschritt wird auf das Packpapier mit einem dicken Pinselstrich ein Rahmen für das Piktogramm gemalt. Dadurch entsteht ein Gefühl für Pinsel und Farbe. Außerdem wirkt das fertige Piktogramm geschlossener.

In diesen Rahmen wird dann der Gegenstand in Form einer Strichfigur gemalt, auf den die Wahl gefallen ist. Es soll nicht »künstlerisch« gemalt oder detailliert »getuscht« werden. Intendiert ist die Darstellung mit dicken Strichen in stark vereinfachter Form.

Zusätzliche Möglichkeiten:
- Es wird ein Akzent in einer zweiten Farbe gesetzt (Eine Weinflasche kann z.B. mit roter Farbe durchgestrichen werden)
- Bilder, Überschriften, Werbung usw. werden aus Tageszeitungen ausgeschnitten und in des Piktogramm eingearbeitet.

1. STUNDE
Erläuterung des Arbeitsverfahrens, kopierte Geschichten wie Lose ziehen lassen, Piktogramme zeichnen, Geschichten erzählen lassen.

2. STUNDE
Erinnerung an die Geschichten mit einem Standbild. Die Gruppe ordnet Standbild und Piktogramm zu. Die betreffende Geschichte wird jeweils stichpunktartig wiederholt. Dabei wird (wie unter A beschrieben) gemeinsam ein »Es ist gut/nicht gut, wenn ...« Satz formuliert und auf das entsprechende Plakatstück geschrieben.

Gebotewand aufbauen, wie unter A beschrieben: Gebote und Piktogramme zuordnen, eigene Erklärungen suchen, Gebote festhalten, die nicht bearbeitet werden konnten.

3. STUNDE
Wie bei A beschrieben, einige Memorierübungen durchführen, Luthers Erklärungen lesen und mit den eigenen vergleichen, ein Leporello erstellen.

VARIANTE C:
über 25 Teilnehmende

Mit einer größeren Zahl an Konfirmandinnen und Konfirmanden können die Gebote vollständig erarbeitet werden. Die in Variante A beschriebenen ersten beiden Stunden können auch einen »Konfirmandennachmittag« strukturieren. Wegen der größeren Materialfülle muß mit 4 Zeitstunden gerechnet werden.

EIN KONFIRMANDENNACHMITTAG
1. Begrüßung
2. Ausführliche Bewegungseinstimmung mit Spielen aus **M 5**
3. Bekanntgabe des Projekts, Gruppenwahl, Erarbeitung einer Spielszene, vergl. A 2
4. Kurze Pause, um dem unterschiedlichen Arbeitstempo der Gruppen Rechnung zu tragen
5. Vorstellen der Spielszenen, vergl. A 4
   Große Pause mit Erfrischungen
6. Zusammenkommen und z.B. gemeinsam singen (vielleicht mit dem Kantor oder der Kantorin)
7. Arbeit an der Gebotewand wie unter A 6 und A 7 beschrieben
8. Ein Abschluß

EINE WEITERE STUNDE

Das Arbeitsergebnis des Konfirmandennachmittags kann in der folgenden Stunde mit der Anfertigung des Leporellos wiederholt und gefestigt werden. Haben sich mehrere Gemeinden zusammengetan, muß dazu die Gebotewand unter den »heimischen« Bedingungen reproduziert werden.

Möglichkeiten:
- Das Original ausborgen und aufhängen.
- Eine eigene Wandzeitung (Packpapier) mit den Arbeitsergebnissen erstellen.
- Notfalls Texte abschreiben und für alle fotokopieren.

Die Gruppe versammelt sich vor der Gebotewand. Je nach Größe der Gruppe und der zur Verfügung stehenden Zeit unter den nachstehenden Schritten auswählen:
- Einstimmung mit einem Standbild, vergl. A 5
- Kurze Memorierübung, vergl. A 8
- Vergleich mit Luthers Erklärungen, vergl. A 9
- Anfertigung eines Leporellos, vergl. A 10

Leo Tolstoi
Das Gottschauen

In einem fernen Lande lebte einst ein König, den am Ende seines Lebens Schwermut befallen hatte. »Schaut«, sprach er, »ich habe in meinem Erdenwallen alles, was nur ein Sterblicher erleben und mit den Sinnen erfassen kann, erfahren, vernommen und geschaut. Nur etwas habe ich nicht schauen können in meinen ganzen Lebensjahren. Gott habe ich nicht gesehen. Ihn wünschte ich noch wahrzunehmen!«

Und der König befahl allen Machthabern, Weisen und Priestern, ihm Gott nahezubringen. Schwerste Strafen wurden ihnen angedroht, wenn sie das nicht vermöchten. Der König stellte eine Frist von drei Tagen.

Trauer bemächtigte sich aller Bewohner des königlichen Palastes, und alle erwarteten ihr baldiges Ende. Genau nach Ablauf der dreitägigen Frist, um die Mittagsstunde, ließ der König sie vor sich rufen. Der Mund der Machthaber, der Weisen und Priester blieb jedoch stumm, und der König war in seinem Zorne bereits bereit, das Todesurteil zu fällen.

Da kam ein Hirt vom Felde, der des Königs Befehl vernommen hatte und sprach: »Gestatte mir, o König, daß ich deinen Wunsch erfülle.«

»Gut«, entgegnete der König, »aber bedenke, daß es um deinen Kopf geht.«

Der Hirte führte den König auf einen freien Platz und wies auf die Sonne. »Schau hin«, sprach er.

Der König erhob sein Haupt und wollte in die Sonne blicken, aber der Glanz blendete seine Augen, und er senkte den Kopf und schloß die Augen.

»Willst du, daß ich mein Augenlicht verliere?« sprach er zu dem Hirten.

»Aber König, das ist doch nur ein Ding der Schöpfung, ein kleiner Abglanz der Größe Gottes, ein kleines Fünkchen seines strahlenden Feuers. Wie willst du mit deinen schwachen, tränenden Augen Gott schauen? Suche ihn mit anderen Augen.«

Der Einfall gefiel dem König, und er sprach zu dem Hirten: »Ich erkenne deinen Geist und sehe die Größe deiner Seele. Beantworte mir nun meine Frage: Was war vor Gott?«

Nach einigem Nachsinnen meinte der Hirt: »Zürne mir nicht wegen meiner Bitte, aber beginne zu zählen!«

Der König begann: »Eins, zwei ...«

»Nein«, unterbrach ihn der Hirte, »nicht so; beginne mit dem, was vor eins kommt.«

»Wie kann ich das? Vor eins gibt es doch nichts.«

»Sehr weise gesprochen, o Herr. Auch vor Gott gibt es nichts.«

Diese Antwort gefiel dem König noch weit besser als die vorhergehende.

»Ich werde dich reich beschenken; vorher aber beantworte mir noch eine dritte Frage: Was macht Gott?«

Der Hirt bemerkte, daß das Herz des Königs weich geworden war.

»Gut«, antwortete er, »auch diese Frage kann ich beantworten. Nur um eines bitte ich dich: Laß uns für ein Weilchen die Kleider wechseln.«

Und der König legte die Zeichen der Königswürde ab, kleidete damit den Hirten, und sich selbst zog er den unscheinbaren Rock an und hängte sich die Hirtentasche um. Der Hirt setzte sich nun auf den Thron, ergriff das Zepter und wies damit auf den an den Thronstufen mit seiner Hirtentasche stehenden König:

»Siehst du, das macht Gott: Die einen erhebt er auf den Thron, und die anderen heißt er heruntersteigen!«

Und daraufhin zog der Hirt wieder seine eigene Kleidung an.

Der König aber stand ganz versonnen da. Das letzte Wort dieses schlichten Hirten brannte in seiner Seele. Und plötzlich erkannte er sich, und unter dem sichtbaren Zeichen der Freude sprach er:

»Jetzt schaue ich Gott!«

Die Wettfahrt

Zu einer Zeit, da es noch keinen Krieg gab, lebten an den beiden Ufern eines großen Flusses zwei Stämme, die einander achteten und sich freundlich gesonnen waren. Eigentlich unterschieden sie sich in nichts voneinander: Sie besaßen je ein ausreichend großes Stück Land, das an Schönheit und Fruchtbarkeit dem gegenüberliegenden in nichts nachstand. Die Einwohner der benachbarten Stämme lebten in bescheidenem Wohlstand und gingen all jenen Beschäftigungen nach, die dem eigenen Wohle und dem der anderen dienten. Zu besonderer Kunstfertigkeit hatten es jedoch vor allem die Bootsbauer gebracht. Und so gehörten ihre Boote zu den schnellsten und die Ruderer beider Stämme zu den ausdauerndsten überhaupt. Auch unterschieden sich die Menschen nicht sonderlich nach Lebensart und Aussehen. Niemand wollte sich nachsagen lassen, es an Eifer und Freundlichkeit fehlen zu lassen. So gab es nur die besten Kontakte, und es wurde fleißig hin- und herüber geheiratet. Allein einen Brauch kannte nur einer der beiden Stämme: Aus lauter Zufriedenheit und Dankbarkeit gegenüber Gott und den Menschen ruhte man an einem bestimmten Tag der Woche von der Arbeit aus und begann, mit Freunden und Fremden zu feiern und fröhlich zu sein.

Vielleicht nur, weil es sich um zwei besonders kluge und deshalb vorausschauende Stämme handelte, machten sich die Verantwortlichen beider Seiten Gedanken um die Zukunft der Menschen an jenem großen Fluß. Und so wurde schon recht zeitig überlegt, ob der Lebensraum, der einem jeden Stamme eigen war, denn in alle Zukunft hinein ausreichen würde, um auch den Kindern und Kindeskindern ein unbeschwertes Leben zu ermöglichen. Aus den Stammessagen wußte man, daß viele Tagesreisen flußaufwärts entfernt der Fluß sich gabelte und mit seinen beiden Armen ein großes und an Schönheit und Fruchtbarkeit gar vortreffliches Stück Land umschloß. Doch welchem der beiden Stämme sollte es in Zukunft gehören?

Gemeinsam wurde vieles in Erwägung gezogen und alles wieder verworfen. Schließlich besann man sich aber auf die eigenen Vorzüge und Fertigkeiten und beschloß, eine Wettfahrt zur Flußgabelung durchzuführen. Woche um Woche tüftelten die Bootsbauer, um die Boote schneller und schneller zu machen. Rennen um Rennen wurde gefahren, um die beste Mannschaft zu ermitteln. Tag und Nacht wurde an der Strategie gefeilt, denn das Rennen würde einige Wochen dauern.

Endlich war es soweit. Nach dem Abspielen der beiden Stammeshymnen und dem vereinbarten Startzeichen setzten sich beide Boote stromaufwärts in Bewegung: gleich stark, gleich geschickt, gleich schnittig im entgegenströmenden Wasser. Auch nach mehreren Tagen hatten sich die Ruderer noch nicht aus den Augen verloren. Immer wieder überholten sie einander und glichen so die unterschiedliche Tagesform aus.

Einen ersten deutlichen Vorsprung erkämpften sich die Ruderer des einen Bootes erst am siebenten Tag der Wettfahrt, als die Mannschaft des anderen Stammes völlig überraschend am Ufer des Flusses anlegte, einen ganzen Tag pausierte und mit den Leuten aus einem nahen Dorf ihr gewohntes Fest feierte. Doch so entschlossen die unermüdlich rudernde Mannschaft des tagaus tagein aktiven Bootes ihren Vorsprung nutzen wollte, immer wieder wurden sie am fünften oder sechsten Tag von der Besatzung des anderen Bootes eingeholt.

Das ging viele Wochen so. Immer wenn die einen nach sechs Tagen die Ruder aus den Händen legten, erkämpften sich die anderen einen Vorsprung, der dann wiederum von Tag zu Tag abnahm.

Wie die Wettfahrt ausging? Beide Mannschaften erreichten in der gleichen Sekunde die Flußgabelung und erklommen gleichzeitig das Ufer. Doch während die einen ausgepumpt ins Gras fielen und sofort einschliefen, saßen die anderen zwar erschöpft, aber glücklich beieinander und planten ein großes Fest für den nächsten Tag. Zu beiden Seiten und an allen Enden des Flusses erzählt man sich noch heute davon und daß es der siebente Tag der Woche war.

Es bleibt noch zu berichten, daß das neue Land für beide Stämme groß genug war.

(Aus dem Gedächtnis nacherzählt von Olaf Trenn)

Die Verachtung

In einem fernen Land lebte ein Mädchen mit dem Namen Abigail. Sie liebte Gregor, einen jungen Mann, der auf der anderen Seite eines breiten Stromes lebte. In dem Fluß gab es eine Unmenge von Krokodilen, die oft am Ufer das Vieh ins Wasser zogen, wenn es zum Trinken kam, und gelegentlich auch Frauen und Kinder, die Wasser holten oder Wäsche wuschen.

Abigail hatte große Sehnsucht, Gregor wiederzusehen. Leider hatte ein schweres Unwetter die schmale Brücke über den Fluß fortgespült.

Daher ging Abigail zu Sindbad, dem Fährmann, und bat ihn, sie überzusetzen. Sindbad war dazu bereit, stellte jedoch die Bedingung: »Du mußt vorher mit mir schlafen«. Das lehnte Abigail empört ab.

Sie lief zu einem Freund, Ivan mit Namen, um ihm von ihrer mißlichen Lage zu erzählen. Ivan wollte jedoch mit der ganzen Sache nichts zu tun haben und schickte sie wieder fort.

Abigail, deren Sehnsucht nach Gregor überaus groß war, war klar, daß sie Sindbads Forderung annehmen mußte, wenn sie zu Gregor kommen wollte. Sie ging zu Sindbad.

Sindbad hielt sein Versprechen und brachte sie ans andere Ufer.

Nachdem sich Abigail und Gregor zärtlich umarmt hatten, erzählte Abigail, was sich zwischen ihr und Sindbad zugetragen hatte. Voller Verachtung stieß Gregor sie zurück und schickte sie weg.

Unglücklich und enttäuscht lief Abigail zu Slug, einem anderen Freund, um ihm ihr Leid zu klagen. Slug hörte sich voller Mitleid die Geschichte an, ging empört zu Gregor und verprügelte ihn brutal.

Abigail war froh, als sie sah, daß Gregor das bekam, was er ihrer Meinung nach verdient hatte. Als die Sonne am Abend unterging, hörte man Abigail über Gregor lachen.

aus: Klaus W. Vopel / Bernhard Wilde: Glaube und Selbsterfahrung im Vaterunser, iskopress, Hamburg, 3. Auflage 1985, S. 119.

Der Bananenbaum

Auf der Insel Sumatra lebte ein armer Bauer ganz für sich allein. Auf seinem kleinen Fleck Boden wuchs ein einziger Bananenbaum.

Eines Tages gingen drei Wanderer an der Hütte des Bauern vorüber, ein Mönch, ein Medizinmann und ein Wucherer. Als erster sah der Wucherer den Bananenbaum und sagte zu seinen Weggefährten: »Wir sind drei. Der Bauer ist nur einer. Wie könnte er uns also daran hindern, uns an seinen Bananen gütlich zu tun?«

Und die unredlichen Leute begannen, als sei nichts dabei, vor den Augen des Bauern die Früchte seines einzigen Baumes zu verzehren.

»**Was macht ihr da,** ihr ehrenwerten Herren?« rief der arme Mann verzweifelt. »Das sind doch meine Bananen!«

»**Nun, was tut's, daß es deine sind?**« fragte der Mönch unverfroren. »Sie sind durchaus nach unserem Geschmack, und so essen wir sie eben«, setzte der Medizinmann hinzu. »Und störe uns nicht, sonst geht's dir schlecht!« drohte der Wucherer. ›Sie sind drei, und ich bin nur einer‹, überlegte der Bauer bei sich. ›Mit Gewalt kann ich ihrer nicht Herr werden. Aber ich kann auch nicht ruhig mit ansehen, wie sie auf meinem Boden schalten und walten.‹

Er wandte sich wieder an die ungebetenen Gäste und sagte: »Es ist mir eine große Ehre, in meinem Haus einen Diener des Himmels und einen berühmten Medizinmann zu sehen. Doch bin ich überrascht, daß sich ein so Nichtswürdiger, wie dieser Wucherer, in eurer Gesellschaft befindet. Seht doch nur, wie gierig er ist: Während ihr eine Banane pflückt, reißt er gleich fünf ab, und immer die reifsten!«

Da rief der Mönch empört: »Gefräßiger Wucherer! Du bekundest Unehrerbietigkeit gegen den Diener des Himmels! Scher dich weg, ehe wir dir einen Denkzettel verpassen.«

›**Sie sind drei,** ich bin nur einer‹, dachte der Wucherer voller Angst und beeilte sich zu verschwinden. Der Mönch und der Medizinmann aber fuhren fort, Bananen vom Baum zu pflücken. Da wandte sich der Bauer mit folgenden Worten an den Medizinmann: »Zürnt mir nicht, ehrwürdiger Herr, doch mir scheint, eure Wissenschaft ist nicht stark genug, menschliches Leiden zu heilen.«

»**Was verstehst du schon** von meiner Wissenschaft!« knurrte gekränkt der Medizinmann. »Die Mehrzahl der Menschen wird nur durch meine Ratschläge gesund.«

»**Und ich nehme an,** daß sie nur durch die Gnade des Himmels gesund werden!«

»**Was soll hier der Himmel?** Ich bin es, der die Menschen heilt, und nicht der Himmel!«

»**Was schwätzt du da,** Unwürdiger!« sagte entrüstet der Mönch. »Du wagst es, an der Allmacht des Himmels zu zweifeln?«

»**Heiliger Vater**«, sagte nun auch der Bauer, »er hat den Himmel beleidigt. Es ist eine große Sünde, sich in Gesellschaft eines so Unwürdigen zu befinden.«

»**Hebe dich** aus meinen Augen!« schrie der Mönch.

›**Sie sind zwei,** ich bin einer‹, überlegte sich der Medizinmann und wandte sich, ohne weiter an die Bananen zu denken, zur Flucht.

Als der Bauer mit dem Mönch allein geblieben war, fragte er: »O du, der du so viele heilige Gesetze kennst, sage mir, verbieten diese Gesetze nicht, das Gut anderer zu nehmen?«

»**Ja, so ist es**«, bestätigte der Mönch.

»**Warum verschlingst du dann aber Bananen,** die dir nicht gehören?« Während der Mönch noch überlegte, was er antworten sollte, hatte der Bauer einen dicken Prügel ergriffen und sagte, den Mönch damit bedrohend: »Setze deine Wanderung fort, heiliger Vater. Und sieh zu, daß du niemals mehr in die Nähe meines Baumes gerätst!« Der Mönch krümmte sich unter dem dicken Stock in den Händen des Bauern und eilte, voranzukommen. So befreite sich das findige Bäuerlein von seinen ungebetenen Gästen.

Märchen aus Indonesien

10 Anregungen,
mit einer Gruppe das Spielen zu beginnen

Spielen geht nicht immer von selbst. Manche Konfirmandengruppe ist, zum Spielen aufgefordert, erst einmal sitzen geblieben und mußte mühsam überredet werden. Woran das liegt? Sicher auch daran, daß man sich beim Spielen nicht verstecken kann und auch sonst eine Menge ungewohnter Dinge verlangt wird: Eine nicht alltägliche Körperhaltung einnehmen, mit Armen und Beinen »reden«, einen Gesichtsausdruck imitieren, Gefühle nach außen kehren, vielleicht im Mittelpunkt der Aufmerksamkeit stehen. Manchen ist das peinlich, und ein Lachen der Gruppe kann das Gefühl der eigenen Unbeholfenheit verstärken.

Vor allen Dingen beim ersten Mal ist es da hilfreich, den Weg ins Spiel zu ebnen: Erst einmal aufstehen, bewegen, etwas nachmachen, sich selbst etwas einfallen lassen. Die folgenden Anregungen wollen dazu dienen, »spielend« Hemmnisse abzubauen, den Spaß am Spiel zu wecken und über die Bewältigung kleiner Aufgaben Sicherheit zu gewinnen für andere, etwas größere Gestaltungsaufgaben.

Eigene Spiellust, Gruppensituation, zur Verfügung stehende Zeit, das Unterrichtsthema werden die Auswahl der Stücke bestimmen. Natürlich kann man das eine oder andere bei Müdigkeit und Unlust »zum Aufwecken« einsetzen oder mit der Liste auch einen kleinen Spieleabend auf einer Konfirmandenrüste gestalten.

MIT DER GANZEN GRUPPE IN BEWEGUNG KOMMEN

1. Alle Mitspieler sind Atome, die sich nach den Anweisungen des Spielleiters oder der Spielleiterin bewegen oder zu verschiedenen Gruppen (Molekülen) zusammenfinden.
   - Die Geschwindigkeit der Atome wird bestimmt durch den Hitzegrad zwischen 0 und 100, z. B.: 0 = still stehen, 10 = sehr langsam, 100 rasend schnell. Der Spielleiter ruft den jeweiligen Hitzegrad aus, und die Gruppe bewegt sich entsprechend.
   - Wird eine Zahl aufgerufen (zum Beispiel 3), finden sich die Atome zu einem entsprechenden Molekül zusammen und erstarren.
   - Weitere Merkmale, nach denen sich Moleküle bilden können: Augenfarbe, Haarfarbe, Kleidungsstücke, Geburtsmonat.

(Fundort: G. Reiche u.a., Bewegung für die Gruppe, AGB-Arbeitsgemeinschaft für Gruppen-Beratung, Wien – Verlag Ökotopia, Münster, S. 18)

2. Alle Spielerinnen und Spieler verteilen sich gleichmäßig über den Raum und schließen die Augen. Auf ein Signal des Spielleiters beginnen alle, sich vorsichtig (!) zu bewegen. Wird dabei eine Mitspielerin oder ein Mitspieler berührt, »kleben« beide zusammen, d.h. sie fassen sich an den Händen und gehen gemeinsam weiter, treffen auf weitere Spielerinnen oder Gruppen, kleben mit denen zusammen usw. Das Spiel endet, wenn alle zusammenkleben. Die Augen werden erst zu diesem Zeitpunkt geöffnet.

(Fundort: Hg. Arbeitsstelle für Konfirmandenunterricht, Heinrich – Wimmer-Str. 4, 34131 Kassel, Reihe: Interaktion – Entspannung – Kreativität Nr. 14, S. 10)

3. Alle stehen auf. Die Gruppe soll sich ohne Worte und Zeichen (wie z.B. gestikulieren mit den Armen) so aufstellen, daß der von der Spielleiterin oder vom Spielleiter genannte Begriff dargestellt wird:

Sich in einer möglichst geraden Linie aufstellen / ein Quadrat bilden / ein Dreieck / ein Ausrufezeichen / eine Drei / eine Sieben / eine Vier / ein Doppelpunkt / der Größe nach aufstellen / nach der Helligkeit der Augenfarbe aufstellen usw.

BEWEGUNGSAUFGABEN IN PARTNERARBEIT

1. Partner stehen sich gegenüber. Der jüngere beginnt, sich zu bewegen, der andere ist der »Spiegel«, versucht also, alle Bewegungen möglichst genau nachzuahmen. Nach einer Minute Rollenwechsel.

2. Einer ist eine Maschine, die bestimmte Bewegungen (z.B. Arm heben und fallen lassen) oder Geräusche (z.B. Pfeifen) macht. Er denkt sich vorher einen »Knopf« aus, der berührt werden muß, um die Maschine abzustellen (z.B. das Ohrläppchen). Der Partner ist der Mechaniker, der den Knopf sucht.

(Fundort: G. Reichel u.a., Bewegung für die Gruppe, a.a.O.)

LOTSEN-SPIELE

1. Partner durch Rufen des Namens so durch den Raum lotsen, daß sie oder er nicht mit Mitspielern oder Gegenständen zusammenstößt. Der oder die Geführte schließt dazu die Augen.

2. Beide vereinbaren ein Erkennungsgeräusch. Diejenige mit der kleineren Schuhgröße schließt die Augen, der Partner stellt sich irgendwo im Raum auf und beginnt mit dem Geräusch. Rollentausch, wenn alle Blinden ihre Partnerin oder ihren Partner gefunden hat.
(Fundort: G. Reichel u.a., Bewegung für die Gruppe, a.a.O.)

3. Alle außer zweien verteilen sich als »Bäume« im Raum. Der oder die Kleinere des übriggebliebenen Paares stößt fortwährend das vereinbarte Geräusch aus, der oder die Größere muß versuchen, die Geräuschquelle im »Wald« mit geschlossenen Augen zu fangen. Rollentausch, dann ein anderes Paar usw.
(Fundort: Hg. Arbeitsstelle für Konfirmandenunterricht, Heinrich – Wimmer-Str. 4, 34131 Kassel, Reihe: Interaktion – Entspannung – Kreativität Nr. 14, S. 9)

MUSIK ALS BEWEGUNGSHILFE NUTZEN

1. Alle stehen im Kreis. Spielleiterin oder Spielleiter macht zu einer rhythmischen Musik, die Konfirmandinnen und Konfirmanden gern hören, einfache Bewegungen, die die anderen gleichzeitig mitmachen. Die Führungsrolle kann dadurch abgegeben werden, daß auf ein Gruppenmitglied im Kreis gezeigt wird.

2. Zur Musik bewegen sich alle locker durch den Raum. Der Spielleiter/die Spielleiterin unterbricht in kurzen Abständen die Musik und ruft eine Bewegungs- oder Kontaktaufgabe in den Raum, die die Gruppe dann rasch ausführt. Zwischen den Aufgaben setzt jeweils wieder die Musik ein.
Passende Impulse für eine Anfangssituation: möglichst viele Hände schütteln / schnell alle vier Wände berühren / sich in den Mittelpunkt des Raumes stellen / zur nächsten Musik rückwärts gehen / einander auf die Schulter klopfen / 3 Mitspieler an den Fingerspitzen berühren / jemanden mit dem kleinen Finger berühren und sich so gemeinsam zur nächsten Musik bewegen usw.
(Die meisten weiteren Impulse in: U. Baer, Kennenlernspiele – Einstiegsmethoden, S. 10f.
Zu beziehen über: Robin-Hood-Versand, Küppelstein 36, 42857 Remscheid)

3. Die Gruppenmitglieder können in demselben Verfahren auch aufgefordert werden, vom Spielleiter genannte Begriffe oder Situationen darzustellen, z.B.: Regen / mir ist heiß / einem Bus nachlaufen / faul sein usw.

4. In gleicher Weise bietet es sich an, schon einmal Situationen aus der Geschichte darzustellen, die gleich anschließend bearbeitet werden soll, z.B.: Blind sein / betteln / traurig weggehen usw.

EINE PHANTASIEÜBUNG: HEXE IM PARK

Alle gehen im Raum umher. Ein Gruppenmitglied ist »die Hexe« (evtl. durch ein Kopftuch deutlich machen) und versucht, die anderen zu fangen. Wer bei der Verfolgung durch die Hexe in einer absonderlich verzerrten Haltung stehenbleibt, kann nicht gefangen werden (die Hexe muß sich nun ein anderes Opfer suchen), sich aber auch erst dann weiterbewegen, wenn sie oder er durch ein noch freies Gruppenmitglied erlöst wird. Dadurch muß das freie Gruppenmitglied vor dem erstarrten die gleiche Haltung einnehmen.
Wer durch Anschlagen gefangen wird, muß das Hexentuch nehmen und wird die neue Hexe.
Das Spiel endet, wenn alle erstarrt sind oder die Spiellust nachläßt.
(Fundort: Hg. Arbeitsstelle für Konfirmandenunterricht, Heinrich – Wimmer-Str. 4, 34131 Kassel, Reihe: Interaktion – Entspannung – Kreativität Nr. 14, S. 10)

REDEWENDUNGEN DARSTELLEN

Alle bewegen sich durch den Raum. Es werden nacheinander einige der untenstehenden Sprichwörter genannt. Die Konfirmandinnen und Konfirmanden versuchen, den Bildgehalt spontan in entsprechende Bewegungen umzusetzen.
(Anregungen stammen zum Teil aus: U. Finke u.a., Spielstücke für Gruppen, E.B.-Verlag Rissen 1986, S. 26; R. Hübner u.a., Spielräume für Gruppen 2, E.B.-Verlag Rissen 1986, S. 13.)

- Einander aus dem Weg gehen
- Etwas auf die leichte Schulter nehmen
- Sich ins Fäustchen lachen
- Sich den Bauch vollschlagen
- Jemanden an der Nase herumführen
- Jemanden einen Floh ins Ohr setzen
- Rutsch mir den Buckel runter
- Jemanden die Zähne zeigen
- Auf dem Zahnfleisch kriechen
- Jemanden auf den Arm nehmen
- Jemanden übers Ohr hauen
- Sich durchs Leben schlagen
- Jemanden für dumm verkaufen
- Jemanden ein Loch in den Bauch reden
- Einem die Würmer aus der Nase ziehen
- Ein Auge auf jemanden werfen
- Jemanden um die Ecke bringen
- In den Erdboden versinken
- Kreuz tragen

WUNSCHSZENEN

Eine Konfirmandin oder ein Konfirmand steht in der Mitte. Die anderen, im Kreis darum, nennen eine oder zwei Situationen, die dargestellt werden sollen, z.B. Warten, Regenwetter, Angst, Fritten essen usw. Danach wählt die Darstellerin (der Darsteller) den nächsten Spieler, der in die Mitte soll. Jeder kommt einmal in die Mitte.
Diese Runde lebt von eher einfachen und schnell lösbaren Spielaufgaben.

SPIELSZENEN OHNE WORTE

Untenstehende Aufgaben (ggf. ergänzen) auf Karteikarten schreiben und losen lassen. Jede Spielerin/jeder Spieler sagt das Thema der Spielszene an. Nach jedem Stück wird durch kräftigen Applaus die Leistung belohnt.
(Viele Anregungen für kurze oder auch längere Spielszenen finden sich in: Ch. von Lowtzow, Spielend Gruppe werden, Don Bosco Verlag, München 1984)

- Eine Minute aus dem Leben einer Stubenfliege
- Tauchübung eines Wasserscheuen
- Melken einer widerspenstigen Kuh
- Gegen einen Schneesturm ankämpfen
- Im Pozellanladen von einer Wespe angegriffen werden
- Eine Katze auf Mäusefang
- Das Auto funktioniert nicht
- Toilettenverstopfung
- Bildstörung im Fernsehen
- Jemandem helfen, der ins Eis eingebrochen ist
- Für irgend etwas (z.B. Getränk) Reklame machen
- Eine erste Zigarette

SPIELEN UND RATEN

Untenstehende Aufgaben (ggf. ergänzen) auf Karteikarten schreiben und losen lassen. Jede Szene wird ohne Worte solange gespielt, bis die Gruppe geraten hat, was dargestellt wird.
Variante 1: Jedes Gruppenmitglied schreibt eine eigne Spielaufgabe auf eine Karteikarte. Karteikarten werden eingesammelt, gemischt und wieder ausgeteilt.
Variante 2: Die Spielideen werden aus den Geschichten zusammengestellt, die anschließend bearbeitet werden sollen.

- Zeitungsverkäufer
- Pfarrerin/Pfarrer
- Bademeister
- Ein belegtes Brot zubereiten
- Ein Bild aufhängen
- Popkonzert
- Angst haben
- Mir ist schlecht!
- Treckerfahrer
- Polizist
- Mannequin / Dressman
- Spaghetti essen
- Den Hauptgewinn ziehen
- Zu spät nach Hause kommen
- Sich freuen
- Wütend sein

Spielaufgaben für zwei:

Dazu werden die mit untenstehenden (oder anderen) Aufgaben beschrifteten Karteikarten in der Mitte durchgeschnitten und verteilt. Das Spielpaar hat sich gefunden, wenn die Karteikarte zusammenpaßt

- Verliebt sein
- Bei einer Klassenarbeit schummeln
- Jemanden loben
- Einen alten Freund/Freundin treffen
- Jemandem etwas schenken: Der oder die Beschenkte freut sich
- Sich streiten
- Zu spät nach Hause gekomen
- Jemanden bestrafen
- Gemeinsam fernsehen
- Jemandem etwas schenken: Der oder die Beschenkte freut sich nicht

EIN SCHAUFENSTER DEKORIEREN

Die Gruppe wird geteilt, größere Gruppen in vier oder sechs Teile. Die einen sind die Dekorateure, die anderen die Schaufensterpuppen. Die Dekorateure gestalten mit den Puppen (ggf. mit Inventar und anderem Material, z.B. mit Tüchern) zu einem vorgegebenen Thema ein Schaufenster. Die Puppen sind leblos, werden also zu entsprechenden Haltungen. »gebogen«, an die entsprechenden Stellen gestellt usw.
Gibt es mehrere Schaufenster, werden sie einander vorgestellt. Danach Rollenwechsel mit einer anderen Schaufenstergestaltung.
Mögliche Themen: An der Bushaltestelle / Im Restaurant / Eine Ruderpartie / Schule (damals/heute) / Gipfelbesteigung / Windstärke 12 / Seenot / Feuerwehr / Popkonzert / Auf dem Laufsteg usw.
(U. Baer, 500 Spiele für jede Gruppe und alle Situationen, 1990, Stichwort: Schaufensterdekoration«.
Zu beziehen über: Robin-Hood-Versand, Küppelstein 36, 42857 Remscheid)

Das erste Gebot

Ich bin dein Gott

Juden und Christen verstehen die zehn Gebote als Regeln einer gerechten Lebensordnung für ein menschenwürdiges Zusammenleben in Freiheit. Mit der Einhaltung dieser Gebote wird Gott als dem Befreier die Ehre gegeben. Sie bringen Gottes Willen zum Ausdruck, daß Menschen nicht unter Unfreiheit, Gewalt und Knechtschaft leiden sollen. Deshalb wird Gott im ersten Gebot als derjenige vorgestellt, der sein Volk aus der Knechtschaft in Ägypten geführt hat und dessen freiheitlicher Anspruch nicht durch andere Ansprüche ersetzt werden soll.

Die folgende Unterrichtsskizze hebt das Anliegen hervor, im Befolgen der Gebote ein freies Leben im Vertrauen auf den einen Gott zu führen.

MIT KONFIRMANDINNEN UND KONFIRMANDEN

■ **Überblick über die Arbeitsschritte**
1. Die Götter und der eine Gott
2. Wer mir etwas sagen kann

Absicht

In einer Konfirmandengruppe kann das erste Gebot als Anlaß zur Erörterung des Autoritätsproblems verstanden werden: Vom wem lasse ich mir etwas sagen?

Material

■ Arbeitsblatt **M 1**

Zeit

1 x 90 Minuten

Verlauf

1. Die Götter und der eine Gott

Das erste Gebot in seiner biblischen Fassung (2. Mose 20,1-3) als grundlegende Einleitung der Gebotsreihe wird besprochen: Welche Aussage hatte das Gebot (»Du sollst keine anderen Götter haben neben mir.«) für die Hebräer in ihrer konkreten Situation, bezogen auf ihre Vergangenheit (Ägypten), ihre Gegenwart (Wüste) und ihre Zukunft (im eigenen Land)?

2. Wer mir etwas sagen kann

Jede und jeder von uns hat Autoritäten, denen er Einfluß in seinem Leben einräumt und von denen er sich etwas sagen läßt. Problematisch wird dieses Verhältnis dann, wenn die Autoritäten autoritär werden, also ein so hohes Maß an Macht gewinnen, daß sie die Freiheit und Mündigkeit des einzelnen bedrohen. Die Autoritätsverhältnisse verändern sich im Lebenslauf, aber die Gefahr autoritärer Übergriffe besteht ein Leben lang. Um dieses Problem ins Bewußtsein zu heben, wird folgende Methode vorgeschlagen: Jedes Gruppenmitglied erhält die Vorlage M 1.[1] Das gegenwärtige Alter wird mit einem Querstrich und dem Vermerk »heute« gekennzeichnet. Auf der Seite »Ich« werden zunächst alle Lebensjahre bis zur Gegenwart mit einem passenden Eigenschaftswort (z.B. fröhlich, verträumt, unsicher) versehen. Danach wird die Spalte »wer mir etwas sagen kann« bis zum gegenwärtigen Alter mit den entsprechenden Personen ausgefüllt. Abschließend werden Eigenschaften für »Ich« drei Spalten nach dem gegenwärtigen Lebensalter unter dem Zukunftsaspekt eingetragen (z.B. klug, sicher, einsam, zufrieden) und zum Schluß dazu die zweite Spalte ausgefüllt.

In der Auswertung sollte sich niemand zu persönlichen Äußerungen gezwungen fühlen, die er/sie nicht von sich aus sagen will. Folgende Gesichtspunkte können leitend sein:

■ Selbstwahrnehmung: Lebensphasen, die wir gut, andere, die wir weniger gut erinnern ...
■ Fremdwahrnehmung: Autoritäten, die besonders einprägsam waren oder sind ... Wirken sie eher unterstützend oder eher bedrängend?
■ Besteht eine Beziehung zwischen meinen Eigenschaften und den Personen, von denen ich mir etwas sagen lasse? Wie schätze ich die zukünftige Entwicklung ein?

Luthers Erklärung zum ersten Gebot wird gelesen.[2]

■ Welche Gebote gehen von meinen Autoritäten aus?
■ Erhalten diese Gebote durch das erste Gebot einen anderen Stellenwert?

---

1 Entworfen nach: **Vopel, Klaus; Wilde, Bernhard, Unterwegs, Übung Nr. 20,** in: Glaube und Selbsterfahrung im Vaterunser, Hamburg 1979, S.64-65.
2 **Denk mal nach ...**, S. 17.

ZEITPUNKT MEINER GEBURT

»Ich« »Wer mir etwas sagen kann«

✎	2 Jahre	✎
✎	4 Jahre	✎
✎	6 Jahre	✎
✎	8 Jahre	✎
✎	10 Jahre	✎
✎	12 Jahre	✎
✎	14 Jahre	✎
✎	16 Jahre	✎
✎	18 Jahre	✎
✎	20 Jahre	✎
✎	24 Jahre	✎
✎	30 Jahre	✎
✎	40 Jahre	✎
✎	60 Jahre	✎
✎	80 Jahre	✎

Das Bilderverbot

Laß dich nicht täuschen

Franz Gertsch, Marina schminkt Luciano, 1975
Besitzer: Museum Ludwig, Köln
Bildquelle: Rheinisches Bildarchiv, Köln

»**Du sollst dir kein Bildnis** noch irgendein Gleichnis machen ...« Dieses biblische Bilderverbot zielt auf Gottesbilder: Gemälde, Statuen, die Gott abbilden wollen. Deshalb gibt und gab es im Judentum keine bildlichen Darstellungen von Gott, und dies war eine Besonderheit Israels, die in seiner orientalischen Umwelt ohne Parallele war. Trotzdem finden sich im Alten Testament eine Fülle sprachlicher Bilder für Gott: die Rauch- und Feuersäule in Ex 13, der leise Wind in 1 Kö 19, der Thronende in 1 Kö 22, der Lehrer in Hi 36, der Tau und der Fruchtbaum in Hos 14 usw. Aber alle diese Bilder können Gott nicht fassen; sie können immer nur in besonderen Situationen einzelne Wesenszüge Gottes hervorheben. Ein grundsätzlicher Unterschied zwischen Gott und Welt bleibt bestehen: In keinem wie auch immer gearteten Stück Welt geht Gott auf!

Schon die Bibel (Ex 33), aber auch Märchen und Geschichten erzählen uns von dem tiefen Wunsch der Menschen, Gott zu sehen. Dahinter mag das Bedürfnis stehen, ihm von Angesicht zu Angesicht nahe zu sein oder ihn besser zu erkennen. Was ich mit meinen Augen gesehen habe, das meine ich besser zu begreifen.

Doch die Wahrnehmung unserer Augen kann auch täuschen; was vor Augen ist, wird damit noch nicht absolut zuverlässig und vollkommen erkannt.

Andererseits ließ Gott sich selbst vor menschlichen Augen sehen. Im christlichen Glauben gehen wir davon aus, daß er in Jesus Christus menschliche Gestalt annahm. Deshalb ist nicht die bildliche Rede von Gott verboten, wohl aber die Anbetung der Bilder, als hätten sie göttliche Kraft.

Wer Gott auf ein bestimmtes Bild festlegen will, der engt ihn auf die eigne, beschränkte Vorstellungswelt ein. Bedauerlicherweise hat die theologische Tradition in unseren Köpfen ein männliches Gottesbild festgeschrieben. Daß Gott männlich, weiblich und mehr als das sein könnte, darauf kann uns das biblische Bilderverbot hinweisen. Der Gott Israels und der christliche Gott ist größer und anders als alle Bilder von ihm, er läßt sich nicht dingfest machen und festlegen.

Aber für unseren Umgang mit Menschen gilt: Wer sich von jemandem ein Bild machen kann, der kann ihn damit beherrschen. Wir machen uns ein Bild von etwas oder jemandem und meinen so, wir haben die Sache bzw. den Menschen begriffen. Manchmal werden wir dabei Gefangene unserer eigenen Wunschvorstellungen oder Vorurteile. Enttäuscht sind wir, wenn unsere Bilder nicht der Wirklichkeit entsprechen.

Das Bild »Denk mal nach ...«, S. 20-21 zeigt dem Betrachter offensichtlich ein Mädchen, das ein anderes schminkt. Der Titel des Bildes aber verrät, daß dieser Eindruck täuscht: Der Geschminkte – Luciano – ist ein Mann. So werden die Betrachter mit einem vorgefaßten Rollenbild konfrontiert, das sich hier als falsch erweist. Jugendliche in der Pubertät, im Rollenwechsel zwischen Kind und Erwachsenem begriffen, versuchen sich an gängigen gesellschaftlichen Klischees von Mann und Frau zu orientieren, entweder um sich ihnen anzupassen oder um sich von ihnen abzugrenzen. Auf der Suche nach der individuellen Erwachsenenidentität tragen die kindlichen Wertvorstellungen nicht mehr, während sich die Erwachsenenwelt häufig als trügerisch erweist. Im Glauben erwachsen zu werden, heißt auch, sich selbst und die anderen Menschen nicht in vorgefertigte Bilder einzusperren oder sich durch das täuschen zu lassen, was vor Augen ist. Es kommt darauf an, sich und andere mit den Augen Gottes zu sehen, als seine Ebenbilder, die für viele Möglichkeiten offen sind.

Auch der Glaube an Gott gerät in diesem Lebensabschnitt in eine natürliche Krise, weil die kindlichen Gottesvorstellungen für die Deutung der Wirklichkeit nicht mehr ausreichen. Gerade jetzt besteht die Gefahr, daß Jugendliche sich enttäuscht vom Glauben zurückziehen, weil sie meinen, mit den Geschichten von Gott getäuscht worden zu sein. Hier kann das Bilderverbot hilfreich sein, weil es die Menschen ermutigt, sich nicht mit einem Teilaspekt von Gott zu begnügen. Größer von Gott und vom Menschen zu denken, ist der Impuls, der von diesem Gebot ausgeht.

DAS BIBLISCHE BILDERVERBOT

☞ **Das Bilderverbot in der Hebräischen Bibel** zielt auf darstellende Kunst, nicht auf sprachliche Bilder.[1] Neben Ex 20,4-6 und Dtn 5,8-10 kommt es auch in anderen alttestamentlichen Gesetzessammlungen vor.[2] An seiner Formulierung im Dekalog läßt sich erkennen, daß es im Verlauf der Geschichte Israels erweitert und interpretiert wurde. Das Grundgebot Ex 20,4 lautet: »Du sollst dir kein Bildnis machen«.[3] In Vers 4 b ist das Gebot deuteronomistisch zu einem generellen Bilderverbot ausgeweitet worden.[4] Das anschließende Verbot der Verehrung weist über das Bilderverbot auf das erste Gebot zurück.[5]

Intention und Ursprung des Grundgebotes Ex 20,4 a sind umstritten. Wahrscheinlich handelte es sich um ein Verbot der Herstellung von Jahwebildern. Manche Forscher meinen, das zeuge von einer besonderen Vergeistigung der Gottesvorstellungen der alten Israeliten. Für alle Naturvölker scheinen Bilder ihrer Götter selbstverständlich gewesen zu sein. Andere meinen, es solle den Gott Israels davor schützen, durch magische Praktiken mittels eines Bildes von Menschen beherrscht zu werden. Es gibt auch eine kultursoziologische Erklärung, nach der die Bildlosigkeit Israels durch das Fehlen handwerklicher und künstlerischer Fähigkeiten während der Nomadenzeit entstanden ist.[6]

Entscheidend ist jedoch, daß auch neben Ex 20 das Bilderverbot zusammen mit dem Verbot der Verehrung fremder Götter vorkommt.[7] In dieser Verknüpfung ist das erste Gebot darauf ausgerichtet, Gottes Einzigkeit zu wahren, das zweite Gebot seine Personalität.[8] »Dabei besteht die Personalität Jahwes darin, daß er – sich selbst offenbarend – dem Menschen als Person gegenübertritt... Das Bilderverbot schützt so die Selbstoffenbarung Jahwes vor der ganz anders gearteten Manifestation des Göttlichen im Bild.«[9] Anthropomorphe Gottesvorstellungen oder gegenständliche Darstellungen als solche wären dann nicht grundsätzlich verboten, was die reichhaltigen archäologischen Funde von Bildmaterial aus dem alten Israel erklären könnte.

---

1 Vgl. hierzu und zum folgenden: Art. »**Bilder« II Altes Testament**, hier besonders: 3. Das Bilderverbot und seine Auswirkungen, Peter Welten, TRE Bd. 6, S. 520f.
2 Ex 20,23; 34,14.17; Lev 19,4; Dtn 4, 16-19; 27, 15
3 »Päsäl« bezeichnet das aus Holz oder Stein gemachte (Stand-)Bild, später auch Gußbild, vgl. Jes 40,19; 44,10.
4 Himmel – Erde – unter die Erde
5 Detaillierte Analyse in: **Walter Zimmerli, Das zweite Gebot**, in: ders: Gottes Offenbarung, 2. Aufl., Gütersloh 1969, S. 234-249.
6 **Othmar Keel, Jahwe-Visionen und Siegelkunst**, 1977.
7 Ex 34,14.19; Lev 19,4; Dtn 4, 16-19
8 **Hartmut Gese, Der Dekalog als Ganzheit betrachtet**, in: ders., Von Sinai zum Zion, München 1974, S. 53f.
9 **Zit. Welten a.a.O.** S. 520.

MIT KONFIRMANDINNEN UND KONFIRMANDEN

■ **Übersicht über die Arbeitsschritte**
1. Unsere Augen können uns täuschen
2. Interpretation einer Fotografie
3. Die Erzählung »Das Gottschauen«

Absicht
Die Konfirmandinnen und Konfirmanden sollen erkennen, daß unsere Augen uns täuschen können. Was wir sehen, ist nicht immer die volle Wahrheit, sondern oft eine beschränkte Wahrnehmung und eine Teilwahrheit. Das biblische Bilderverbot kann uns helfen, den anderen Menschen und Gott nicht auf die eigene begrenzte Vorstellungswelt einzuengen.

Material
■ Optische Täuschungen (**M 1**)
■ Geschichte: Leo Tolstoi, Das Gottschauen (s.u. Das Leben üben, **M 1**)
■ Eine größere, mit Ruß geschwärzte Glasscheibe oder eine Schweißerbrille
■ Bibeln

Zeit
90 Minuten

Verlauf

1. Unsere Augen können uns täuschen
Der/die Unterrichtende führt in das Thema ein:
■ Manche Menschen glauben nur das, was sie sehen können. Sie behaupten: Was ich sehe, das ist wirklich und wahr. Wir wollen diese Behauptung überprüfen.
■ Jedes Mitglied der Konfirmandengruppe erhält ein Blatt mit den beiden Zeichnungen **M 1** (optische Täuschungen):
■ Betrachtet das obere Bild. Was stellt es dar?
(Die Zeichnung kann sowohl einen Kelch als auch zwei sich anblickende Gesichter darstellen.)
■ Beschreibt das untere Bild.
(Hier sind fünf parallele Linien aufgezeichnet. Aufgrund der Querstriche sieht es aber so aus, als seien die Abstände zwischen den Linien ungleich.)
■ Durch diese beiden Zeichnungen haben wir etwas über die Wahrnehmung unserer Augen gelernt.
(Unser Sehen ist nicht objektiv und irrtumsfrei)

Das Bild M 2 (Denk mal nach ..., S. 20-21)
wird als Kopie ohne Titel verteilt:
■ Auf diesem Foto sind zwei Menschen zu erkennen. Beschreibt Besonderheiten, die euch an ihnen auffallen.
■ Wozu schminken sich die beiden wohl?
Wozu schminken sich Menschen überhaupt?
▼ ■ Der Titel des Bildes lautet »Marina schminkt Luciano«.

▼ Hier malt also eine Frau einen Mann an. Warum? Erkennt man das nicht sofort beim Hinsehen?

2. Interpretation einer Fotografie

Der/die Unterrichtende leitet zu einer vertieften Interpretation der Fotografie über, bei der zunächst unsere Bilder von Mann und Frau zur Diskussion stehen:
- Manche Menschen finden es anstößig, wenn eine Frau sich schminkt. Andere meinen, eine Frau sollte sich ruhig verschönern, aber ein Mann sollte sich nicht schminken. Welche Meinung habt ihr dazu?
- Könnt ihr einen Mann/ eine Frau beschreiben, der/die gut aussieht und sympathisch ist? Könnt ihr euch erklären, wie ihr zu diesen Vorstellungen gekommen seid?

Der/die Unterrichtende schreibt den Satz

> *Du sollst dir kein Bildnis noch irgendein Gleichnis machen*

an die Tafel.

- Mit diesem Satz könnten Bilder von Menschen gemeint sein. Wir empfinden es oft als unangenehm, wenn andere von uns ein bestimmtes Bild haben. Dafür gibt es Gründe.
- Immer wieder versuchen Menschen auch, sich ein Bild von Gott zu machen. Es gibt eine Reihe bildlicher Ausdrücke, die häufig für Gott verwendet werden.

Die von den Konfirmandinnen und Konfirmanden genannten Bilder werden an der Tafel festgehalten. Wenn es sich mehrheitlich um männliche Bezeichnungen (Vater, Herr, König, Hirte) handelt, sollte der/die Unterrichtende dies problematisieren:
- Es stehen nur männliche Bezeichnungen für Gott an der Tafel.
- Welche weiblichen Bezeichnungen für Gott haltet ihr für denkbar?
- Gibt es eurer Meinung nach ein Bild, das Gott am besten bezeichnet?

Das Bilderverbot wird bis zum vollen Wortlaut an der Tafel ergänzt. Seine historische Bedeutung für das Volk Israel wird gemeinsam erschlossen: Israel ist und war es verboten, Gottesstatuen und -bilder anzubeten. Dahinter steht die Erkenntnis, daß wir uns mit unseren Bildern über Gott täuschen können. Er ist größer als unsere Vorstellungskraft; jedes Bild würde ihn einengen.

3. Die Erzählung »Das Gottschauen«

Trotzdem machen wir uns immer wieder bestimmte Vorstellungen von Gott, wie er ist und den Menschen begegnet. Es gibt viele Geschichten von Menschen, die Gott unbedingt sehen wollten.

▼ Die Erzählung »Das Gottschauen«[10] wird gemeinsam gelesen:
- Am Schluß der Geschichte ist der König überzeugt: »Jetzt schaue ich Gott!« Versucht, euch diese Behauptung zu erklären.
- Der Versuch, in die Sonne zu blicken, mißlang dem König. Welche Lehre hat er aus diesem Mißerfolg gezogen?

Gott ist größer als das, was unser menschliches Auge erfassen kann. Das Licht der Sonne, in die wir mit bloßem Auge nicht sehen können, kann uns dafür ein Zeichen sein.

→ An dieser Stelle wäre es möglich, ein Experiment mit dem Sonnenlicht anzuschließen. Nacheinander halten sich die einzelnen Gruppenmitglieder die rußbedeckte Scheibe dicht vor das Gesicht oder setzen die Schweißerbrille auf und sehen – auf diese Weise geschützt – in die Sonne.

Die Erfahrung wird gemeinsam ausgewertet:
- Meine Augen müssen geschützt werden vor dem, was sie nicht ertragen und erfassen können.
- Durch dunkles Glas geschützt, können meine Augen in die Sonne sehen. Damit habe ich aber nur einen Abglanz ihres Lichtes wahrgenommen. Die ganze Sonne kann ich nicht erfassen.

Der/die Unterrichtende erinnert an die Erzählung über Mose und seinen Wunsch, Gott zu sehen (Exodus 33,18-23):
- Niemand weiß genau, was damals zwischen Mose und Gott passierte. Aber diese Geschichte versucht, ihre Beziehung zu beschreiben.
- Kein Mensch kann sagen: »Ich habe Gott gesehen und weiß, wie er aussieht.« Aber Mose war ein Mensch, der Gott sehr nahe stand. Welche Erfahrung hat er mit diesem »Gottschauen« gemacht?

---

10 Unterrichtseinheit **Das Leben üben** M 1, S. 16.

Franz Gertsch: Marina schminkt Luciano, 1975
Besitzer: Museum Ludwig, Köln
Bildquelle: Rheinisches Bildarchiv, Köln

Das zweite Gebot

Im Namen Gottes?

Bertel Thorvaldsen, Christus, 1821
Besitzer: Museum Ludwig, Köln
Bildquelle: Rheinisches Bildarchiv, Köln

»**Wir Deutschen fürchten Gott,** sonst nichts in der Welt!« »Mit Gott für Volk und Vaterland!« Mit solchen Parolen zogen zu Beginn unseres Jahrhunderts deutsche Soldaten in den Krieg und wurden junge deutsche Männer zur Kriegführung ermutigt. Manche Kriegspredigten des ersten Weltkriegs stellten eine ungebrochene Verknüpfung von evangelisch – kirchlichen Inhalten und nationalen Belangen dar. Militärische Pflichten wurden zu christlichen Tugenden erklärt und der Name Gottes für den Schutz der deutschen Armee in Anspruch genommen. Aus dieser Zeit mag das in »Denk mal nach ...«, S.23 abgebildete Denkmal stammen.

Heute können wir Gott nicht mehr ungebrochen mit Waffen in Verbindung bringen, die uns zur Kriegführung zur Verfügung stehen. Darauf weist das Bild »Denk mal nach ...«, S. 24-25 hin: Eine segnende Christusstatue aus dem vorigen Jahrhundert wurde vor den Atompilz nach einer nuklearen Explosion montiert. Jedem ist deutlich: Auf dem Gebrauch solcher Waffen kann nicht der Segen Gottes ruhen, denn sie könnten innerhalb kurzer Zeit seine gesamte Schöpfung auf dieser Erde vernichten. Trotzdem werden auch im Atomzeitalter Kriege im Namen der Religion geführt, und der Beistand Gottes wird für die Vernichtung der Feinde erbeten. Wie sollen sich Christen in diesem Zusammenhang verhalten?

Christus hat gezeigt, daß die Liebe Gottes allen Menschen gilt, und deshalb sogar zur Feindesliebe aufgerufen (Mat 5, 43-48). Wer im Namen dessen, der seine Sonne aufgehen läßt über Gute und Böse, Frieden zu stiften versucht, gibt Gott die Ehre und mißbraucht seinen Namen nicht.

AMBIVALENZ DER KRIEGSDENKMÄLER

☞ **Im Vordergrund des Denkmals** tritt uns ein Soldat in kampfbereiter Haltung mit vollständiger Ausrüstung entgegen. Hinter ihm steht eine Christus- oder gar Gottesfigur. Sie legt dem Soldaten kameradschaftlich die linke Hand auf die Schulter, während der Zeigefinger der rechten Hand mahnend erhoben ist. Der Betrachter wird aufgefordert, an den Soldaten und seine Kameraden zu denken, die im Krieg töten und ihr Leben lassen mußten. Durch die Inschrift des Denkmals werden sie als Helden verehrt. Gleichzeitig wird durch den Satz »Gott mit uns« behauptet, Gott sei auf ihrer Seite gewesen.

Solche und ähnliche Mahnmale wurden in Deutschland zur Erinnerung an die Gefallenen des Ersten Weltkriegs errichtet. Als öffentliche Denkmäler wollten sie zugleich aus dieser Erinnerung einen Anspruch, eine Lehre und einen Appell an die Gesellschaft ableiten und historisch begründen. Sie standen damit im Dienst bestimmter Zwecke, etwa der pathetischen Untermauerung der Nationalidee, die durch folgende Inschrift zum Ausdruck kommt: »Mit deutschem Mut, deutscher Tapferkeit und deutscher Treue haben sie ausgehalten bis zum letzten Atemzug.«[1] Aus anderen Inschriften auf Kriegsdenkmälern sprechen herrliche Heldenverehrung und das Pathos der Todesverachtung: »Es starben den Heldentod für ihr Vaterland ...«; »Deutschland muß leben, und wenn wir sterben müssen.«[2] Die Entstehung industrieller Reproduktionstechniken seit dem 19. Jahrhundert ermöglichte zudem eine Massenproduktion von religiöser Gebrauchskunst und Friedhofskunst, die sich dem Geschmack breiter Volksschichten anzupassen versuchte. Im Blick auf die Toten sind solche Heldenmale oft mehr eine Verlegenheit als eine wirkliche Ehre. Von ihnen möchte man heute lieber sagen, es habe Gott ganz und gar nicht gefallen, sie aus dieser Welt abzuberufen, denn sie wurden Opfer menschlicher Gewalt. Wem wird durch solche Stand-

---

1 Zit. nach: Ruppel, Helmut; Schmidt, Ingrid: Von Angesicht zu Angesicht, Aufmerksamkeit für Ernst Barlachs Bilder vom Menschen, Neukirchen 1984, S. 90 – 91.
2 Zit. a.a.O. S. 90 – 91.

bilder die Ehre gegeben – Gott, nach dessen Willen doch der Krieg nicht sein soll, oder nicht eher der Sache des Staates, der Gott für seine Zwecke gebraucht? Oder wird gar der Krieg selber religiös verherrlicht? Wird mit solchen und ähnlichen Kriegsdenkmälern der Name Gottes mißbraucht?

Wir sollten uns hüten vor radikalen Lösungen und der eindimensionalen Betrachtung solcher Mahnmale, denn dies käme einem Ausstieg aus der Geschichte gleich. Sie gehören zu unserem historischen Erbe, das uns als Aufgabe gegeben ist, und zu den kollektiven Erinnerungen der jeweiligen Ortsgemeinde. Aber Erinnern und Gedenken bedeuten nicht Verharmlosung von Gewalt, sondern gegenseitige Vergewisserung und Mahnung angesichts neuer Gewalt- und Leidenspotentiale.

Kriegsdenkmäler sind natürlicherweise stark mit Emotionen verbunden, vor allem mit der Trauer der Hinterbliebenen, die des Trostes bedürfen. Um ihre Trauerarbeit zu bewältigen, hat die Künstlerin Käthe Kollwitz als Mahnmal ein knieendes Elternpaar geschaffen für den Soldatenfriedhof in Flandern, auf dem ihr 18-jähriger Sohn Peter begraben liegt. Von einem Besuch dort, gemeinsam mit ihrem Mann, berichtet sie: »... wir gingen von den Figuren zu Peters Grab und alles war lebendig und ganz gefühlt. Ich stand vor der Frau, sah ihr -mein eigenes- Gesicht, weinte und streichelte ihr die Backen. Der Karl stand dicht hinter mir – ich wußte es noch gar nicht. Ich hörte ihn flüstern: ›Ja,ja.‹ Wie waren wir da zusammen.«[3] Um die Solidarität mit den Trauernden zu bekunden, wurde nach dem Zweiten Weltkrieg 1952 ein Volkstrauertag eingerichtet. Der Generation der Konfirmandinnen und Konfirmanden und oft auch der ihrer Eltern mag die Bedeutung dieses Tages fremd geworden sein. Trotzdem erübrigt sich nicht die Trauer über Irrwege unseres Volkes in vergangenen Jahrzehnten, besonders angesichts der überlebensbedrohlichen Entwicklungen in unserer heutigen Zeit. Viele Gemeinden integrieren daher heute den Volkstrauertag in eine Friedensdekade in den letzten Novemberwochen. In diesem Zusammenhang können Mahnmale und Gedenktafeln eine Bedeutung haben, wenn sie zeigen, daß Krieg und Lebensbedrohung keine freundliche und heldenhafte Sache sind, und wenn sie deshalb mit dem entsprechenden Ernst gestaltet werden.

So hat Käthe Kollwitz mit dem von Gräbern umgebenen Elternpaar der Trauer bleibenden Ausdruck verliehen. Ernst Barlach hat in seinem Magdeburger Ehrenmal von 1929 neben Standhaltenden auch Niedergebrochene und Entsetzte gezeigt. In dieser Weise gestaltete Mahnmale können Wegzeichen sein, die uns erzählend an unsere eigene Geschichte erinnern und uns fragen, wie wir sie in heutigen zeitgeschichtlichen Zusammenhängen weiterschreiben wollen. Ihre Botschaft sollte sein: »Nie wieder Krieg!«

---

[3] Zit. Kollwitz, Käthe: »Ich will wirken in dieser Zeit«, Frankfurt/Berlin 1989, S. 125.

MIT KONFIRMANDINNEN UND KONFIRMANDEN

■ Überblick über die Arbeitsschritte
1. STUNDE: Gedenken – im Namen Gottes (Exkursion)
2. STUNDE: In Gottes Namen?
3. STUNDE: Ein Denkmal für den Frieden

Absicht
Die Konfirmandinnen und Konfirmanden sollen erkennen, daß im öffentlichen Leben und bei der Rechtfertigung von Kriegen der Name Gottes manchmal ungebrochen für menschliche Interessen in Anspruch genommen wird. Sie sollen nach Wegen suchen, die Liebe Gottes zu allen Menschen zur Sprache zu bringen.

Material
- Bibeln
- Lila Tuch der kirchlichen Bewegung gegen Massenvernichtungswaffen (sofern vorhanden) oder Arbeitsblatt **M 1**
- Großer Bogen Packpapier für ein Wandbild
- Das Poster der Christusstatue **M 2**, Wachsmalkreiden oder Wasserfarben

Zeit
3 x 90 Min.

Verlauf

1. Stunde: Gedenken – im Namen Gottes
Sofern sich in der Kirche Gedenktafeln für die Gefallenen der beiden Weltkriege befinden oder eine Gedenkstätte oder ein Soldatenfriedhof in der Nähe sind, könnte die Gruppe eine Exkursion dorthin unternehmen.

Die jeweiligen Bilder, Figuren und Inschriften werden sorgfältig betrachtet:
- Es können Fotos gemacht, Inschriften und Daten notiert, Lage, Ausmaß, Material und Symbole von Denkmälern beschrieben werden.
- Broschüren und alte Zeitungen bieten vielleicht Informationen über Entstehungs- und Wirkungsgeschichte der Gedenkstätte.
- Was wird über den Krieg gesagt, in dem die Menschen, an die hier erinnert wird, umgekommen sind?
- Wird Gott, wird die Religion erwähnt? Wir tauschen uns aus über die Art und Weise, in der dies geschieht.

Im Anschluß an eine solche Besichtigung könnten die Jugendlichen ihre Eltern und Großeltern fragen, ob sie etwas über die gefallenen Soldaten oder die damalige Zeit erzählen können. Wie wurde der Krieg von den beteiligten Menschen gesehen? Gibt es heute Feiern an der Gedenkstätte, z.B. anläßlich der Volkstrauertage?

▼ Danach sollte in der Gruppe die Frage diskutiert werden, ob

▼ die vorgefundene Gedenkstätte ein angemessener Ausdruck der Erinnerung und der Trauer um die Verstorbenen ist.

2. Stunde: Im Namen Gottes?
Das Denkmal auf S. 23 in »Denk mal nach ...« wird in der Gruppe betrachtet:
- Beschreibt das Denkmal und den Eindruck, den es bei euch hinterläßt.
- In welcher Zeit ist es wohl errichtet worden?
- Was haben wohl die Menschen empfunden, die dieses Denkmal aufgestellt haben?
- Das zweite Gebot lautet: »Du sollst den Namen des Herrn, deines Gottes, nicht unnütz gebrauchen.«
- Stellt dieses Denkmal einen Verstoß gegen das Gebot dar?

In der anschließenden Gesprächsrunde kann die Gruppe bereits eigene Gestaltungsvorschläge für eine Gedenkstätte entwickeln und schriftlich festhalten:
- Habt ihr Vorstellungen von einer Gedenkstätte, die gelungen sein könnte?
- Kommt die Religion, kommt Gott darin vor?
- Ließe sich das Denkmal in unserer Gemeinde nach diesen Gesichtspunkten umgestalten?

Das Bild in »Denk mal nach ...«, S. 24 – 25 (**M 2**) wird betrachtet:
- Beschreibt, was ihr auf diesem Bild erkennen könnt.
- Die Christusfigur hat ihre Hände zum Segen ausgebreitet.
- Gläubige Menschen sagen: »Ich möchte, daß auf meinen Taten der Segen Gottes ruht.«
- Beurteilt auf diesem Hintergrund die Tat, die auf diesem Foto abgebildet ist.

Die unvergleichlichen Gefahren heutiger Kriegsführung sind den Jugendlichen in der Regel bekannt und dürften im Gespräch deutlich werden. Daß trotzdem auch in dieser Zeit der Name Gottes für die Vernichtung der Feinde in Anspruch genommen wird, zeigt das »Gebet vor dem Abwurf der Atombombe am 5.8.1945 über Hiroshima«.[4]
- Für wen wird hier gebetet und gegen wen?
- Die Beter behaupten, daß sie immer unter dem Schutz Gottes stehen. Gilt das auch für ihre Gegner?
- Kennt ihr aus unserer Zeit andere Beispiele dafür, daß die Religion oder der Name Gottes mit dem Krieg in Verbindung gebracht werden? Ist diese Verbindung jeweils gerechtfertigt, oder handelt es sich um einen Mißbrauch?

Der/die Unterrichtende zeigt das lila Tuch mit dem Aufdruck: »Umkehr zum Leben – Die Zeit ist da für ein Nein ohne jedes Ja zu Massenvernichtungswaffen«. Der Aufdruck kann auch als Arbeitsblatt an die Gruppe verteilt werden. (**M 1**)
▼ ■ Mit diesen Tüchern haben Christinnen und Christen vor ei-
▼ nigen Jahren als Glieder der evangelischen Kirche in unserem Land gegen Massenvernichtungswaffen demonstriert.
- Auch bei dieser Aktion handelt es sich um eine Verbindung von Glaube und Politik. Wie ist sie im Zusammenhang des zweiten Gebotes zu beurteilen?

3. Stunde: Ein Denkmal für den Frieden
Christen sollen ihre Worte immer wieder an den Worten Jesu und an seiner Botschaft messen. Matthäus 5,43-45 wird in der Gruppe gelesen.

Durch den/die Unterrichtende(n) ergeht folgende Aufforderung:
- Versucht einmal, ruhig auf eurem Platz zu sitzen, so daß völlige Stille im Raum entsteht.
  Denkt jetzt zwei Minuten über folgenden Satz nach: »Gott läßt seine Sonne scheinen über Böse und Gute und läßt regnen über Gerechte und Ungerechte.«

Die Konfirmandinnen und Konfirmanden erhalten Gelegenheit, ihre Gedanken zu dem Satz zu äußern.

Danach fährt der/die Unterrichtende fort:
- Mit diesem Satz macht Jesus eine Aussage über Gottes Liebe zu den Menschen. Ist sie euch angenehm, ärgerlich oder gleichgültig?
- Jesus leitet daraus Folgen für das Handeln der Christen ab. Kann man nach diesen Gesichtspunkten leben, oder sind sie unrealistisch?

Die Konfirmandengruppe teilt sich in mehrere Kleingruppen auf. Jede Gruppe erhält einen Bogen Packpapier und eine vergrößerte Kopie der Christusstatue, die sie in die Mitte des Papiers klebt.

Die folgende Aktion wird erklärt:
- Stellt euch vor, neben unserer Kirche soll ein Denkmal errichtet werden. Diese Christusstatue soll ein Bestandteil des Denkmals sein.
- Denkmal hat auch mit Nachdenken zu tun, und unser Denkmal soll die Leute zum Nachdenken über die Friedensbotschaft Jesu bringen.
- Ihr habt jetzt den Auftrag bekommen, einen Entwurf für ein solches Friedensdenkmal herzustellen.

Die Gruppe tauscht sich zunächst über mögliche Elemente des Denkmals aus. Danach werden die Umrisse mit Bleistift auf den Papierbogen übertragen. Erst zum Schluß wird alles einschließlich des Hintergrundes farbig ausgemalt. Es kann auch ein buntes Denkmal erstellt werden. In der Konfirmandengruppe entstehen so mehrere Entwürfe für ein Friedensdenkmal. Damit könnte etwa während der Friedensdekade zur Zeit des Volkstrauertages in der Kirche oder im Gemeindehaus eine kleine Ausstellung veranstaltet werden. Dadurch kann die gesamte Gemeinde an den Überlegungen ihrer Konfirmandinnen und Konfirmanden zu einem Leben in Frieden beteiligt werden.

---

4 **Denk mal nach ...**, S. 24.

Das dritte Gebot

Dem Sonntag eine Chance geben

Für viele Kinder, mehr noch für Jugendliche, ist der Sonntag der langweiligste Tag in der Woche. Die Eltern wollen lange schlafen und richtig ausspannen. Das verspricht wenig Abwechslung. Es gibt Familienrituale. Die sind oft schwer zu ertragen. Es ist auch sonst wenig los. Die Geschäfte sind zu, Verabredungen sind schwierig, meistens sind noch Schularbeiten zu machen. Die Langeweile der Jüngeren signalisiert, daß es uns Älteren an Kraft fehlt, den Sonntag als einen besonderen Tag zu gestalten.

Ist der Alltag so übermächtig, daß wir ihn am Sonntag wiederholen müssen, indem wir dann all das erledigen, wozu wir wochentags nicht kommen?[1] Ist der Sonntag im Wochenende soweit untergegangen, daß seine Eigenständigkeit gar nicht mehr wahrgenommen wird?[2] Sind religiöse Bindungen so schwach geworden, daß wir daraus keine Impulse mehr für die Gestaltung von Höhepunkten gewinnen können?[3] Und wenn das alles so ist, wie ließe sich dagegen angehen? Wie kommen wir (wieder?) dahin, daß wir nicht nur produzieren und konsumieren, sondern so leben, wie Gott uns in die Zeit gesetzt hat: Als Menschen, die Zeit haben (Karl Kraus)?

Unterricht kann da nur eine bescheidene Rolle spielen. Der beschriebene Entwurf ist ein Versuch, Sonntagsgewohnheiten aufzudecken und ansatzweise ein Gefühl dafür zu entwickeln, was dieser Tag von Gott her leisten könnte.

---

1 Es fehlt »ein ›Gegenüber‹ zum Alltag ... Es gibt keinen Festtag, keinen Feiertag, der den Menschen über den profanen Alltag erhebt; es gibt nichts, was dem Festtag einen anderen Inhalt geben könnte, als er im Alltag ohnehin schon gegeben ist. Der Sonntag, in früheren Zeiten der ›Tag des Herrn‹ genannt, ist heute das ›Wochenende‹, wo liegengebliebene Arbeit erledigt wird, wo man vielleicht auch etwas anderes tut als am Werktag, aber nichts, was nicht im Horizont der Alltagswirklichkeit verbliebe, es ist eine andere Art der Beschäftigung und Betriebsamkeit mit weltlichen Dingen.« **P. Fiedler (Hg.), Studientexte Funkkolleg Religion,** Weinheim und Basel 1985, S. 11f.
2 Die UNO hat 1978 beschlossen, daß der Sonntag zum Wochenende zählt, der erste Tag der Woche also der Montag ist.
3 »Die Unfähigkeit, Höhepunkte zu inszenieren, Feste zu feiern, Feiertage ›feierlich‹ zu begehen, dem Sonntag eine besondere Stellung und einen besonderen Charakter zuzubilligen, ist nur eine Facette dieser Verflachung. Für viele unterscheidet sich der Sonntag vom Samstag nur durch den unglücklichen Umstand, daß die Geschäfte geschlossen sind.« **R. Köcher, Tradierungsprobleme in der modernen Gesellschaft,** zitiert bei: H. Barz, Religion ohne Institution, Opladen 1992, S. 13f.

MIT KONFIRMANDINNEN UND KONFIRMANDEN

■ Überblick über die Arbeitsschritte

1. Eine Übung zum Zeitempfinden
2. Einen Arbeitsbogen zum Wochentag bzw. Sonntag ausfüllen
3. Den Arbeitsbogen mit einer Partnerin/einem Partner besprechen
4. Eine Spielszene zum Sonntag überlegen, vorführen und auswerten
5. Phantasieübung: Für den Sonntag im Fernsehen werben

Absicht

Konfirmandinnen und Konfirmanden sollen sich typische Sonntagstätigkeiten bewußt machen, Meinungen dazu äußern und sie mit anderen diskutieren. Sie sollen sich der Frage stellen, welche Chancen der Sonntag hat, bzw. haben könnte und wie sie genutzt werden. In diesem Zusammenhang soll das dritte Gebot eingeführt und erörtert werden.

Material

- Für je zwei Gruppenmitglieder ein Stück Packpapier, auf die Größe ca. 60 x 50 cm zurechtgeschnitten, dicke Filz- oder Wachsstifte zum Schreiben auf Packpapier
- Klebeband
- Arbeitsbogen **M 1**
- Kugelschreiber
- Ein Triangel oder ein anderer Gegenstand, mit dem man einen deutlich hörbaren Ton geben kann, z.B. ein Glas, das mit einem Bleistift »angeschlagen« wird (ausprobieren)
- Plakat mit dem Text des dritten Gebotes und der Erklärung Luthers

Zeit

90 Minuten

Verlauf

1. Eine Übung zum Zeitempfinden

Alle sitzen in einem Stuhlkreis. Tische sind an die Wände des Raumes gerückt.

■ Ich möchte mit euch heute am Anfang ein kleines Zeitexperiment machen. Dazu brauche ich unbedingt eure Armbanduhren.

Die Uhren werden in einen kleinen Korb oder einer Schachtel eingesammelt und in die Mitte des Stuhlkreises gelegt.

■ Das Experiment heißt ›Zeit schätzen‹. Ich werde gleich diesen Triangel anschlagen, eine bestimmte Zeitspanne vergehen lassen, und ihn dann noch einmal anschlagen. Eure Aufgabe ist es, die Zeit zwischen den beiden Tönen zu schätzen. Habt ihr verstanden, wie ich es meine?

▼ Vorgeschlagene Zeitintervalle: 4, 8, 2, 12 Sekunden. Danach alle aufstehen lassen.
- Ich werde jetzt den Triangel noch einmal anschlagen. Bitte setzt euch hin, wenn ihr glaubt, daß eine Minute vergangen ist.

Der oder die Unterrichtende beobachtet den Prozeß des Hinsetzens mit Blick auf die Uhr. Wenn alle sitzen, den Gruppenmitgliedern ihre ungefähre »Hinsetzzeit« mitteilen: Wer ist der angegebenen Zeitspanne am nähesten gekommen, wer war sehr weit davon entfernt, wann haben sich die meisten hingesetzt ...

Eine kurze Gesprächsrunde anschließen:
- Wie habe ich mir ohne Uhr geholfen?
- Inwieweit hat das Hinsetzen der anderen mein Zeitgefühl beeinflußt?
- Ist eine Minute lang oder kurz?
- Wann wird Zeit für mich »lang«?
- Wann vergeht Zeit, ohne daß ich es merke?
- Welche Wochentage kommen mir eher kurz vor? Welche eher lang? Woran liegt das?

2. Einen Arbeitsbogen zum Wochentag bzw. Sonntag ausfüllen
- Entscheidet euch jetzt bitte einmal in Gedanken für einen Wochentag, der entweder ganz typisch ist, oder mit dem ihr euch die nächsten 5 Minuten einmal genauer beschäftigen möchtet.

Arbeitsbogen **M 1** austeilen.
- Das ist ein ›Zeitbogen‹. Uns interessiert erst einmal nur die linke Spalte. Gebt dem Wochentag, für den ihr euch entschieden habt, einen Namen, z.B. ›Montag‹, ›mein schrecklicher Donnerstag‹, ›der typische Wochentag‹, ... Dann tragt dem Zeitablauf folgend ein, was ihr den Tag über tut. Ihr könnt euch dazu an die Tische an den Wänden setzen.
- Wenn alle fertig sind: »Jetzt schreibt bitte über die rechte Spalte ›Am letzten Sonntag‹ und tragt in die Zeitspalte ein, was an diesem Tag gewesen ist.«

3. Den Arbeitsbogen mit einer Partnerin/einem Partner besprechen
- Sucht euch jetzt bitte eine Partnerin oder einen Partner, mit der oder dem ihr euren Bogen besprechen möchtet. Am besten, ihr erzählt euch zunächst, was ihr wochentags oder sonntags macht. In der Zwischenzeit werde ich einige Sätze an die Tafel schreiben (oder auf ein Wandplakat), zu denen ihr euch auch noch etwas erzählen könnt.

> An meinem Wochentag gefällt mir ...
> Mir gefällt daran nicht ...
> Am Sonntag finde ich am schönsten ...
> Ich kann absolut nicht leiden, wenn am Sonntag ...

▼ **4. Eine Spielszene zum Sonntag überlegen, vorführen und auswerten**

Wenn der größere Teil der Gruppe das Gespräch beendet hat:

Ich möchte jetzt sagen, wie es weitergeht. Überlegt euch doch bitte mit eurer Partnerin oder eurem Partner eine typische kleine Sonntagsszene. Das kann eine stumme Spielszene sein, ein unbewegtes ›Standbild‹, ein Wortwechsel, oder irgend etwas anderes. Ihr habt wieder 5 Minuten Zeit. Stuhlkreis dazu soweit öffnen, daß ein geeigneter Platz zum Spielen entsteht, und die einzelnen Szenen vorführen lassen. Ist die Szene stumm, kann die Gruppe raten, worum es sich handelt.

Impulse für ein anschließendes Gespräch:
- Wie haben euch die Szenen gefallen?
- Was waren ganz typische Szenen?
- Welche fallen eher aus dem Rahmen?
- Fehlt etwas, was zum Sonntag dazugehört?
- Läßt sich so etwas wie ein Tagesablauf aus den Szenen zusammensetzen?
- Stellt euch vor, ihr befragt die Menschen auf der Straße, was sie am Sonntag tun. Was meint ihr, würden sie am häufigsten nennen?
- Die auf S. 28 des Unterrichtsbuches abgedruckte Umfrage »Was tun sie am Sonntag« lesen und diskutieren.
- Weshalb gibt es eigentlich einen Sonntag?
- Was würde Jesus am Sonntag tun?
- Was ist am Sonntag anders als an den anderen Wochentagen?
- Ist der Sonntag für euch eher langweilig oder eher schön?
- Wenn es keinen Sonntag gäbe?

Wichtige Äußerungen an der Tafel oder auf einem Wandplakat für alle sichtbar notieren.
▼

DER SONNTAG

☞ **Die Wochentage** wurden in der Spätantike nach den Gottheiten der Planeten benannt. Der Sonntag erhielt seinen Namen von der Sonne, die damals unter die Planeten gerechnet wurde.

An diesem Tag, dem ersten der jüdischen Woche, gedachten die Christen der Auferstehung Jesu (Mk 16,2 par.; Joh 20,1). Nach übereinstimmendem biblischen Zeugnis versammelten sich die Jünger und die ersten Gemeinden am Abend des ersten Wochentages (Joh 20,19ff.; Lk 24,33ff., Joh 20,26), feierten das Mahl, hörten das Wort und sammelten für die Armen (Apg 20,7; 1 Kor 16,2; vergl. Lk 24,41-43). »Erster Tag der Woche ist demnach nicht nur die älteste, sondern zugleich biblisch am besten bezeugte Bezeichnung für den christlichen Sonntag.«⁴ Daneben taucht schon bald die Bezeichnung »Herrentag« (Offb 1,10) auf, die sich zur Bezeichnung des Sonntags in den romanischen Sprachen durchgesetzt hat (ital. domenica, span. domingo, franz. dimanche von lat. dominus: Herr). In den germanischen Sprachen blieb der »Sonntag« erhalten (engl. sunday), zumal auch der »Tag der Sonne« christliche Deutungen zuläßt. Der Messias ist als »Sonne der Gerechtigkeit« (Mal 3,20) angekündigt,⁵ auf altchristlichen Grabsteinen erscheint Gott bzw. Christus als die Sonne des 8. Schöpfungstages.⁶

Schon aus dieser Namensgeschichte wird deutlich, daß die wöchentliche Feier des Ostergeschehens am Sonntag, dem ersten Wochentag, deutlich eigenständig neben der Feier des jüdischen Sabbat am letzten Tag der Woche steht.

Der Sabbat ist ein in siebentägigem Rhythmus wiederkehrender Ruhetag, der ursprünglich in Israel eher soziale Aspekte betonte und der Gemeinschaft diente (2 Mose 23,12). Erst allmählich, stark beeinflußt durch die Erfahrung des Exils, sah man in der wöchentlichen Folge von Arbeit und Ruhe ein Spiegelbild der ganzen Schöpfung (1 Mose 1-2,4) und ein Bundeszeichen zwischen Gott und seinem Volk (2 Mose 31,13). Im Zuge dieser Entwicklung wurde der Sabbat zu einem gottgesetzten Feiertag, der auch gottesdienstlich begangen wurde. Vor allem nach dem Exil entstand eine immer genauere Reglementierung der am Sabbat ge- und verbotenen Tätigkeiten (Sabbatkasuistik), um das Halten des Sabbats zu erleichtern, denn Israel hatte über den Sabbat zu wachen.⁷

Mit dem christlichen Sonntag wurde diese Ruhe- und Feiertradition erst durch Konstantin den Großen verbunden. Er machte den Sonntag 321 zu einem gesetzlichen Ruhetag. Dabei ist es bis heute geblieben (Art. 140 Grundgesetz). Damit war der Boden bereitet, den »Herrentag« auch theologisch mit dem dritten Gebot zu verbinden und ihn als »Sabbat des neuen Bundes«⁸ zu verstehen. Dies hat sich durchgesetzt. Die Erläuterung, der Sabbat sei ein gottgeschenkter Ruhetag, ist heute ganz selbstverständlich neben das altkirchliche Verständnis getreten, daß am Herrentag die Auferstehung gefeiert wird.⁹

Luthers Erklärung zum dritten Gebot steht quer zu dieser Tendenz. Er stellt ganz das Hören des Wortes ins Zentrum. Der Sonntag wird nicht dadurch heilig, »daß man hinter dem Ofen sitze und keine grobe Arbeit tue, ... sondern Gottes Wort treibe und tue«.¹⁰ Das ist zwar eines jeden Christen Tagewerk und nicht an einen bestimmten Tag gebunden. Weil aber vor allem die Einfältigen nicht dazu kämen, gibt Gott einen Ruhetag, »daß man zusammenkomme, Gottes Wort zu hören ... Gott zu loben, zu singen und zu beten«.¹¹

▼ **5. Phantasieübung: Für den Sonntag im Fernsehen werben**
Vor dem nächsten Schritt ist es vielleicht gut, das bisher Erarbeitete in 2 bis 3 kurzen Sätzen zusammenzufassen. Dann kann mit folgendem Gedankengang weitergegangen werden:
Ich möchte mit euch noch etwas genauer herausbekommen, wozu der Sonntag eigentlich da ist. Dazu ist wieder einmal eure Phantasie gefragt. Stellt euch vor, ihr arbeitet in einer großen Werbeagentur. Ihr habt den Auftrag bekommen, einen Werbefeldzug für den Sonntag zu machen. Ihr habt euch darauf geeinigt, am Sonnabend nach der Tagesschau im Fernsehen eine Minute lang ohne Kommentar einen Satz auf dem Bildschirm erscheinen zu lassen. Den ersten Satzteil habt ihr schon gefunden. Er lautet:

> Am Sonntag
> hast du die Chance ...

Ihr sucht jetzt noch den zweiten Teil des Satzes. Tut euch noch einmal mit eurer Partnerin oder eurem Partner zusammen und überlegt euch eine Fortsetzung. Schreibt sie mit großen Buchstaben auf ein Stück Packpapier, das ihr von mir holen könnt. Ihr habt ungefähr 5 Minuten Zeit.
Sätze nacheinander an einer geeigneten Stelle der Wand anbringen lassen. Spontane Äußerungen abwarten. In einem kurzen Gespräch erfragen, wie eine derartige Serie wirken würde, was die Zuschauerinnen und Zuschauer sagen würden usw.
An einer geeigneten Stelle des Gesprächs ein vorbereitetes Plakat mit dem Text des dritten Gebotes und der Erklärung Martin Luthers neben den anderen Plakaten anbringen.
▼ Reaktionen abwarten.

---

4 **K.-H. Bieritz, Das Kirchenjahr,** München 1991, 3. Aufl., S. 52.
5 Die Strahlen der Sonne machen erkennbar, was vorher nicht zu sehen war. Vergl. den Choral **»Sonne der Gerechtigkeit« (EG 262/263).**
6 G. Heinz-Mohr, Lexikon der Symbole, Düsseldorf und Köln, 1981, 6. Auflage, S. 269. Vergl. die 3. Strophe des Chorals »Gott Lob, der Sonntag kommt herbei« (EG 162)
7 W. Rordorf, Art. Sabbat, Biblisch-Historisches Handwörterbuch, Bd. 3, Göttingen 1966).
8 K.-H. Bieritz, aaO., S. 53.
9 **Vergl. Befragung »Was tun sie am Sonntag«,** Denk mal nach ..., S. 28.
10 **M. Luther, Der großer Katechismus, Erläuterung zum 3. Gebot.** Zitiert aus: Luther Deutsch, Stuttgart 1961, Bd. 3, S. 35.
11 Ebd. S. 34

▼ Gesprächsanregungen:
- Der erste Gedanke beim Lesen dieses Satzes war ...
- Was verstehe ich von diesem Satz/ Was verstehe ich nicht?
- Was sagt dieser Satz über den Sonntag?
- Was würden die Zuschauerinnen und Zuschauer sagen, wenn dieser Satz am Sonnabend eine Minute stumm auf dem Bildschirm erschiene?
  Gibt es auch Ähnlichkeiten zwischen Luthers Satz zum Sonntag und euren Sätzen?
- Was sagt Luthers Satz über dich? Über Gott? Über das Leben?

MIT ERWACHSENEN

Der Unterrichtsvorschlag für Konfirmandinnen und Konfirmanden kann zu folgenden Schritten mit einer anderen Gemeindegruppe anregen:

- »Am letzten Sonntag habe ich ...« Einige (oder alle) Gruppenmitglieder berichten lassen und ein Gespräch über beliebte und unbeliebte »Sonntagstätigkeiten« führen.
- An einer geeigneten Stelle die vorher kopierte Befragung »Was tun sie am Sonntag?«[12] verteilen und mit den Recherchen zum eigenen Sonntagsverlauf vergleichen.
- Eventuell an gegebener Stelle Informationen zur Entstehung und zum theologischen Gehalt des Sonntags geben. Dazu mag der oben abgedruckte Informationstext zum Sonntag eine Hilfe sein.
- Das Lied »Gott Lob, der Sonntag kommt herbei« im Gesangbuch (EG 162) aufschlagen, singen und auf dem Hintergrund des bisher Geäußerten miteinander besprechen.
- Ergebnisse aus dem Konfirmandenunterricht vorstellen und mit Aussagen des Gesangbuchliedes und/oder der Erklärung Luthers zum dritten Gebot vergleichen.

Ergänzungen – Alternativen – Hinweise

- Mit den Sätzen der Konfirmandinnen und Konfirmanden eine Plakatserie für den Gemeindeschaukasten entwickeln.
- Den Gemeindekirchenrat in den Konfirmandenunterricht einladen, die Unterrichtsergebnisse zum Sonntag vorstellen und nach Gewohnheiten der Gemeindekirchenratsmitglieder am Sonntag fragen lassen.
- Konfirmandinnen und Konfirmanden einen Sonntag planen lassen, zu einem Elternabend einladen, Unterrichtsergebnisse vorstellen und erläutern lassen, von dem Vorhaben »Einen Sonntag planen« erzählen, einige Sonntage anonym vorstellen lassen, ein Gespräch dazu anregen und leiten, am Ende Realisierungsmöglichkeiten besprechen und die Eltern dazu ermutigen.

12 **Denk mal nach ...**, S. 28.

6.00	6.00
7.00	7.00
8.00	8.00
9.00	9.00
10.00	10.00
11.00	11.00
12.00	12.00
13.00	13.00
14.00	14.00
15.00	15.00
16.00	16.00
18.00	18.00
19.00	19.00
20.00	20.00
21.00	21.00
22.00	22.00

Das vierte Gebot

Auf der Suche nach den verlorenen Eltern

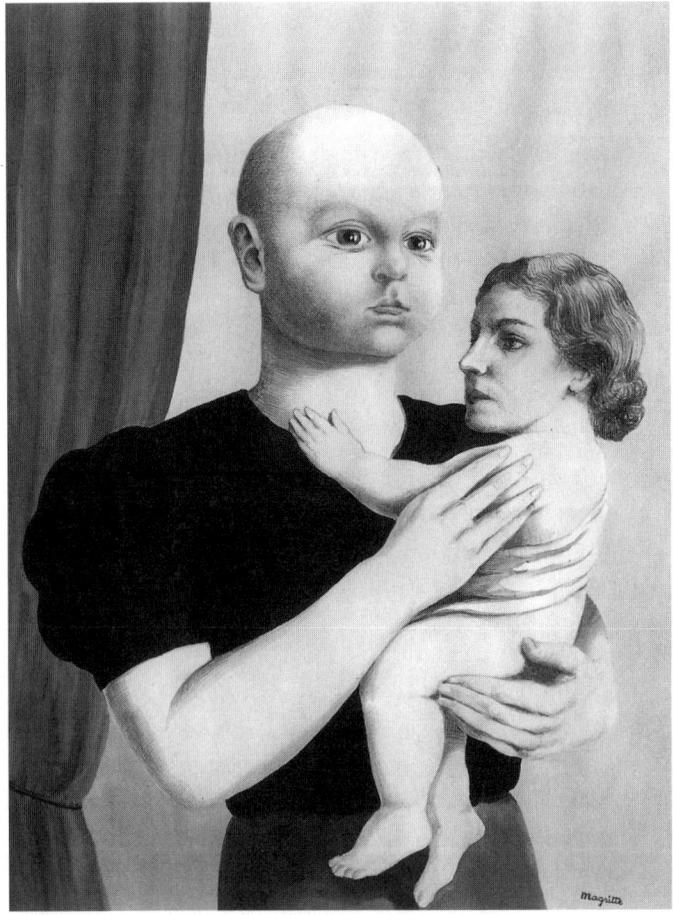

René Magritte, Der Geist der Geometrie, Tate Gallery, London
© VG Bild-Kunst, Bonn 1997

Das biblische Gebot, den Eltern zu helfen, war ursprünglich materiell ausgerichtet: Ernährung und Fürsorge im Alter durch die nachfolgende Generation. Später wurde die »Ehrung« der Eltern nach bürgerlichen Moralvorstellungen definiert. Auch heute noch wird das vierte Gebot dazu mißbraucht, Kinder zu unkritischer Anpassung an die Eltern zu erziehen, Jugendliche in Auseinandersetzungen mit Erwachsenen zu disziplinieren. Autoritätsprobleme und Konflikte mit den Eltern gehören jedoch zur gesunden Persönlichkeitsentwicklung in der Pubertät, wenn sich eine eigene Erwachsenenidentität auch in Abgrenzung zu den Eltern herausbildet. Das vierte Gebot darf in dieser Lebensphase also nicht als widerspruchslose Unterwerfung unter Macht und Wertvorstellungen der Eltern begriffen werden.

Das gilt umsomehr, als die Erwachsenengeneration den Nachfolgenden eine kranke Welt hinterläßt, die ihnen keine hoffnungsvolle Zukunft eröffnet: Eine durch Plünderung und Vergiftung gestörte Natur gefährdet global das künftige Leben. In dieser Situation muß sich eine neue Generation gegen den verheerenden Lebensstil und die Ausbeutung der Umwelt durch die »Eltern« auflehnen, um überleben zu können.

Die Elterngeneration – selbst mit der Auflehnung gegen autoritäre Erziehung aufgewachsen – ist in der Regel um Toleranz und Freizügigkeit gegenüber den Kindern bemüht und fällt damit häufig ins andere Extrem. Jugendliche vermissen das erwachsene Gegenüber, die Autorität, mit der sie sich messen können. Hinzu kommt der Zeitmangel vieler Eltern durch ihre berufliche Belastung. So gehen dem Heranwachsenden die Eltern »verloren«. Die Rollen von Kind und Eltern verwischen sich. Das Bild »Der Geist der Geometrie« von René Magritte zeigt ein erwachsenes Baby, das seine säuglingshafte Mutter auf dem Arm trägt, Symbol eines Zeitalters, in dem die Kinder ihre Eltern vor sich selber schützen müssen. Das vierte Gebot will den Generationen Mut machen, einander zu suchen. Können die Kinder ihre Eltern wiederfinden?

MIT KONFIRMANDINNEN UND KONFIRMANDEN

■ **Überblick über die Arbeitsschritte**
1. STUNDE: Fotowand
2. STUNDE: Familienszenen entwerfen
3. STUNDE: Familienszenen spielen

Absicht

Im nachstehenden Unterrichtsentwurf reflektieren die Konfirmandinnen und Konfirmanden ihr persönliches Verhältnis zu ihren Eltern und dessen Veränderung seit der Kindheit. Das vierte Gebot soll die Jugendlichen dazu anregen, Konflikte in der Familie so auszutragen, daß das Verständnis der verschiedenen Generationen füreinander wächst. Es soll dagegen nicht dazu führen, Konflikte mit den Eltern zu verharmlosen oder zu verdrängen.

Material

Für die Fotowand
- Das vergrößert kopierte Bild von Magritte (s. **M 1**)
- Ein wandgroßer Bogen Papier oder Tapetenrollen
- Filzstifte
- Fotoecken oder Klebegummis, damit die Fotos (s.u.) nicht beschädigt werden.

Für die »Familienszenen«
- Tafel oder große Papierbögen
- Filzstifte, Schreibpapier
- Evtl. Videokamera
- Räume für Gruppenarbeit

44 | Das vierte Gebot | Auf der Suche nach den verlorenen Eltern

Vorbereitung
Papier vor der Stunde an der Wand aufhängen, die Konfirmandinnen und Konfirmanden in der vorangehenden Stunde auffordern, ein möglichst älteres Foto (Kind mit Eltern und ggf. Geschwistern) von der eigenen Familie zum Unterricht mitzubringen.

Zur inhaltlichen Vorbereitung dieser Unterrichtsreihe gehört es auch, daß der/die Unterrichtende weiß, ob Jugendliche mit nur einem Elternteil oder ohne Eltern in der Gruppe sind. In diesem Fall erfordert das Thema besondere Sensibilität: Einerseits soll auch diese Realität im Unterricht Raum finden, andererseits muß die Intimsphäre und Belastungsgrenze der betroffenen Jugendlichen geachtet werden. Das Schlagwort von den verlorenen Eltern bekommt hier noch eine andere, tiefere Dimension: Die Probleme der Kinder, die verwaist oder deren Eltern geschieden sind, gehören ebenso zur Lebenswirklichkeit Jugendlicher.

Zeit
3 x 45 Minuten
Für die Sprechproben zum Gottesdienst sind noch einmal ein bis zwei weitere Unterrichtsstunden zu veranschlagen.

Verlauf

1. STUNDE – Fotowand
Die mitgebrachten Familienfots werden von den betreffenden Jugendlichen nacheinander auf die Papierwand geklebt. Die Mitte des Papiers bleibt frei.

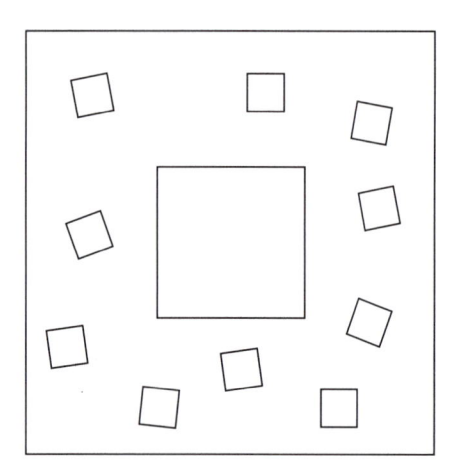

Das Aufkleben kann auch durch die/den Unterrichtenden geschehen, so daß die Gruppe den jeweiligen Jugendlichen identifizieren muß. Für diesen Vorgang sind besonders ältere Kinderbilder interessant.

Die Gruppe betrachtet nacheinander die Fotos und schildert ihre Eindrücke:
- Wie fühlt sich dem Anschein nach das Kind auf dem Foto im Kreis der Familie?
- Was meint der/die Betreffende selbst dazu? Kann er/sie sich erinnern, was er/sie gegenüber den Eltern empfunden hat, als das Foto entstand?
- Kann er/sie das Verhältnis zu den Eltern damals zusammenfassend beschreiben?
- Alle geben ihrem jeweiligen Bild einen entsprechenden Titel und schreiben ihn unter das Foto.

Es sollten alle Fotos besprochen werden.

EINE ALTERNATIVE
für den Fall, daß in der Gruppe noch keine hinreichende Vertrautheit besteht:
Jeweils zwei Gruppenmitglieder befragen einander zu ihren Fotos und der zugehörigen Geschichte, z.B.:
- Erinnerst du dich noch an die Situation, in der dieses Bild aufgenommen wurde?
- Wie ging es dir damals in deiner Familie? Wie hast du deine Eltern erlebt?
- Erinnerst du dich gerne an diese Zeit? War es damals schöner als heute?

Jede/r stellt das Foto des Partners oder der Partnerin im Plenum vor und gibt ihm einen Titel. Bei der Vorstellung reicht es u.U. aus, wenn nur mitgeteilt wird, wie die Erinnerung an die dem Foto entsprechende Zeit jeweils eingefärbt ist.

Weiterführend kann das Bild »Der Geist der Geometrie« verdeutlichen, daß wir oft mit vordergründigen Rollenklischees von »Eltern« und »Kind« operieren. Der/die Unterrichtende klebt das Poster als ein »anderes Familienbild« in die Mitte der Papierwand. Er/sie läßt die Konfirmanden zunächst aussprechen, was sie auf dem Bild sehen.

Danach werden folgende Fragen bedacht:
- Das Bild macht eine bestimmte Aussage über das Verhältnis von Mutter und Kind.
- Habt ihr Vermutungen über die Gefühle der beiden Personen?
- Hinter diesen Gefühlen könnten bestimmte Erfahrungen stehen.
- Versucht zu beschreiben, was der Künstler wohl mit diesem Bild ausdrücken wollte.

Nun gibt jedes Gruppenmitglied dem Bild einen Namen und schreibt ihn auf die Papierwand um das Poster herum. Möglicherweise müssen einige Bildtitel erklärt werden. Anschließend wird noch einmal an die Aussagen des Bildes angeknüpft und zu eigenen Erfahrungen übergeleitet, etwa mit folgenden Fragestellungen:
- Angenommen, der Künstler wollte mit diesem Bild das Verhältnis Jugendlicher zu ihren Eltern beschreiben. Was wollte er uns sagen?
- Entsprechen diese Aussagen unseren Erfahrungen in der Gegenwart?

▼ ■ Die Beziehung zwischen Eltern und Kindern verändert sich, wenn beide älter werden.

2. STUNDE – Familienszenen entwerfen
Der/die Unterrichtende schreibt das vierte Gebot an die Tafel:
■ Könnt ihr diesem Gebot zustimmen?
■ Was könnte mit der »Ehrung« der Eltern gemeint sein?
■ Ist es leicht oder schwer, dieses Gebot zu befolgen? Begründet eure Meinung dazu.

Nach einer kurzen Diskussion wird die Gruppe aufgeteilt und mit folgender Aufgabenstellung in Kleingruppen von 3-4 Personen entlassen:
Wenn Kinder erwachsen werden, kommt es häufig zu Konflikten mit den Eltern. Jede Gruppe soll nach eigenen Erfahrungen einen Konfliktfall in der Familie entwerfen und anschließend vorspielen. In Stichworten soll bei der Vorbereitung der Szene folgendes schriftlich festgehalten werden:
■ Streitthema der Szene
■ Personen, die in der Szene mitspielen und ihre Rollen (Eltern, Jugendlicher Geschwister, Großeltern etc.)
■ Eigenschaften bzw. Charaktere der handelnden Personen
■ Ungefährer Fortgang der Handlung und Schluß
Die Dialoge müssen nicht im Wortlaut vorher festgelegt werden, sondern sollen sich aus dem Spiel ergeben. Im Spiel sollen sich die Jugendlichen mit eigenem und fremdem Rollenverhalten in der Familie identifizieren und lernen, es zu analysieren. Sie besinnen sich auf typische Konfliktinhalte und -muster und versuchen, an einigen Beispielen Lösungsmodelle zu entwickeln.

Gibt es einige Konfirmandinnen und Konfirmanden, die lieber nicht spielen wollen, können diese sich ebenfalls in einer Kleingruppe zusammenfinden und eine ›Sprachcollage‹ für den Gottesdienst vorbereiten, indem sie »Sprüche« (Vorurteile, Parolen, Schimpfworte) sammeln, die a) Jugendliche über ihre Eltern, b) Eltern über ihre jugendlichen
▼ Kinder sagen. Sie werden nach a) und b) getrennt zu einer Liste zusammengestellt.

3. STUNDE – Familienszenen spielen
Etwa nach einer halben Stunde treffen sich alle Kleingruppen im Plenum wieder und spielen sich gegenseitig die Szenen vor bzw. lesen die Liste mit den Sprüchen im Wechsel zwischen a) und b) vor. Jeweils nachdem ein Arbeitsergebnis vorgestellt wurde, können die übrigen Gruppenmitglieder Fragen dazu stellen bzw. unmittelbar ihren Eindruck schildern.

Die Schlußdiskussion befaßt sich mit dem Gesamteindruck, den die Szenen vermitteln:
■ Überwiegen in den dargestellten Konflikten die Lösungsversuche, oder gehen sie ungeklärt aus?
■ Gibt es Möglichkeiten, Streit in der Familie so zu schlichten, daß keiner der Verlierer ist? Wie könnten diese Lösungen für die verschiedenen (negativ endenden) Szenen aussehen?
■ Entsprechen sie den Weisungen des vierten Gebotes?
■ Welchen Sinn hat das Gebot für Jugendliche und Eltern?

MIT ELTERN, KONFIRMANDINNEN UND KONFIRMANDEN

Der vorausgehende Unterrichtsentwurf kann auch ➜ mit Konfirmandeneltern durchgeführt werden. Dann liegt der Schwerpunkt auf deren Situation, die Fragestellungen werden entsprechend geändert: Beim Betrachten der Familienfotos sollen die Eltern sich das frühere Verhältnis zu ihren Kindern vergegenwärtigen; in der zweiten Einheit (Szenen) geht es um die Veränderung in der Familie durch das Älterwerden ihrer Kinder.

Auch der folgende Gottesdienst kann als Familiengottesdienst von Eltern und Kindern gemeinsam durchgeführt werden. In diesem Fall sollte die Sprachcollage im Wechsel zwischen Eltern und Jugendlichen gesprochen und die Szenen so gespielt werden, daß die Kinder den Elternpart übernehmen und die Eltern den der Kinder.

Auf der Suche nach den verlorenen Eltern

Ein Gottesdienst

Im Gottesdienstraum sollte der Wandfries mit den Familienfotos und dem Bild von René Magritte aufgestellt werden.

Wenn Jugendliche und ihre Eltern den Gottesdienst gemeinsam gestalten, kann das Gespräch zwischen ihnen intensiviert werden. Der Gottesdienst kann die Darstellung eines Prozesses aus Klage (Sprechcollage), Problemanalyse und Klärungsversuch (Spielszenen, Predigt) sein und so das Gespräch zwischen den Generationen fördern (Gottesdienst-Nachgespräch).

Neben dem Verhältnis Eltern-Kind soll im Gottesdienst auch das Verhältnis von Gott, dem Vater, zu den Menschen zur Sprache kommen. Das geschieht einerseits durch kritisches Befragen des überkommenen Gottesbildes mit Hilfe von *Psalm 103* und dem *Text von Laurence G. Benier*[1], die im Wechsel zwischen Liturg/in und Gemeinde gesprochen werden.

Andererseits kann das Gleichnis vom verlorenen Sohn eine Orientierungshilfe für menschliches Verhalten in der Familie bieten.

Die *Lesung Lukas 15,11ff.* kann u.U. so umgeschrieben und verfremdet werden, daß der Vater verlorengeht. Hier kann sich in der Predigt eine kritische Betrachtung der gesellschaftlichen Situation anschließen (die »verlorenen« Eltern).

Die Gebete können von den Konfirmandinnen und Konfirmanden formuliert und gesprochen werden. Beim Schlußgebet empfiehlt sich ein Fürbittengebet mit und für Konfirmanden und Eltern.

---

[1] Denk mal nach ..., S. 130.

Gottesdienstordnung

- Begrüßung und Einstimmung

- Lied

- Psalm 103 und Text von L. G. Bernier

  L.: Gerade wie eine Adlermutter,
  die ihren Jungen beim Fliegen hilft,
  bin ich für euch eine Mutter,
  eure Bedürfnisse werde ich stillen.

  G.: Lobe den Herrn, meine Seele,
  und was in mir ist, seinen heiligen Namen

  L.: Und ihr seid meine Kinder,
  die meine Stimme hören.

  G.: Lobe den Herrn, meine Seele,
  und vergiß nicht, was er dir Gutes getan hat.

  L.: Ich bin eine Mutter für dich,
  Volk meiner Wahl.

  G.: Der dein Leben vom Verderben erlöst,
  der dich krönet mit Gnade und Barmherzigkeit,
  der deinen Mund fröhlich macht
  und du wieder jung wirst wie ein Adler.

  L.: Wenn Gott eine Adlerfrau ist,
  die ihren Jungen hilft, frei zu sein,
  und er auch Vater ist,
  was ist dann mit dir und mir?

  G.: Barmherzig und gnädig ist der Herr,
  geduldig und von großer Güte.

  L.: Wir haben keine Angst
  vor Festlegungen und Rollen.

  G.: Er wird nicht für immer hadern
  noch ewig zornig bleiben.

  L.: Wenn in Gottes Selbst alles vermischt ist,
  streben wir das gleiche Ziel an.

  G.: Er handelt nicht mit uns nach unsern Sünden
  und vergilt uns nicht nach unserer Missetat.

  L.: Unser Gott ist keine Frau,
  unser Gott ist kein Mann.

  G.: Denn so hoch der Himmel über der Erde ist,
  läßt er seine Gnade walten über denen, die ihn fürchten.

  L.: Unser Gott ist beides und keines,
  unser Gott ist Ich, der ich bin.

  G.: So fern der Morgen ist vom Abend,
  läßt er unsere Übertretungen von uns sein.

  L.: Von allen Rollen, die uns binden,
  hat Gott uns freigesetzt.

▼

▼ G.: Wie sich ein Vater über Kinder erbarmt,
so erbarmt sich der Herr über die, die ihn fürchten.
L.: Welche Freiheit gibt uns Gott?
Die Freiheit zu sein.

- **Gebet**

- **Kyrie: Elternsprüche und Sprüche Jugendlicher
  (Sprachcollage)**

- **Lied**

- **Lesung: Lukas 15,11ff.**

- **Meditation: Auf der Suche nach den verlorenen Eltern**

- **Lied**

- **Gebet**

- **Vater unser**

- **Segen**

- **Lied**

Das fünfte Gebot

Eine Brücke laßt uns bauen

Ernest Pignon-Ernest, Travailleur du Dauphiné, Grenoble, 1976

Das alttestamentliche Verbot des Tötens hatte wahrscheinlich ursprünglich die Funktion, das Ausufern der Blutrache zu verhindern und die Selbstjustiz einzuschränken, um eine stabile Rechtsordnung zu etablieren.[1] Im hebräischen Text des fünften Gebotes wird ein Verb verwendet, das mit »töten« übersetzt werden kann und den Begriff der Eigenmächtigkeit einschließt.[2] Dem einzelnen wird also verboten, sich das Recht herauszunehmen, einen anderen zu richten und zu ermorden. Dieses Verb ist jedoch im Alten Testament nur 47 mal zu finden und meint neben dem gewollten gewaltsamen Töten eines Menschen in den jüngeren Texten auch die indirekte Verursachung des Todes eines anderen (vgl. die Erzählung von Ahabs Gewalttat an Naboth, 1 Könige 21,1-29). Offensichtlich hat das fünfte Gebot schon im alten Israel eine Bedeutungsverschiebung erfahren: es soll nicht nur vor Selbstjustiz unter rechtlosen Bedingungen schützen, sondern auch vor den Übergriffen der Mächtigen in einem starken Staat, nicht nur vor direkter Ermordung durch einen Menschen, sondern auch vor indirekten Formen des Tötens.

Bereits in der Urgeschichte Gen 4,1-16 kommt zum Ausdruck, daß Haß und Neid lebensvernichtende Wirkung haben. Diese egozentrischen Haltungen brechen im Menschen immer wieder auf und lassen ihn seine Verantwortung für das Leben des anderen nicht sehen. Jesus hat das Tötungsverbot in der Bergpredigt aufgegriffen und wesentlich verschärft (Mt 5,21-24). Nicht nur den Mord, sondern auch den Haß verbietet er. Im Namen der Gottes- und Nächstenliebe, die das Leben fördern will, verurteilt er den Haß, der sich nur lebensvernichtend auswirkt. Eine solche Einstellung, die den anderen nicht mehr neben sich duldet, sondern ihn beseitigen möchte, beginnt, wo Menschen aus politischen, religiösen und rassischen Gründen verachtet werden. Wir erfahren dies in unseren Tagen überdeutlich.

Luther hat in seiner Auslegung nicht nur ein Tötungsverbot formuliert, sondern auch die Verpflichtung, Menschen zu helfen und in der Not beizustehen. Hier deutet sich bereits die neuzeitliche Auffassung an, daß jeder Mensch ein Recht auf körperliche Unversehrtheit und ein menschenwürdiges Leben hat.

---

1 Vgl. Eitz, A.; Pöpperl;M.; Vogel,M., **Die zehn Gebote, Begleitmaterial zur Sendereihe des Hessischen Rundfunks,** Wiesbaden 1990, S. 85.
2 Vgl. Noth, M., **Das zweite Buch Mose/Exodus**, ATD Band 5, Göttingen 1988, S.133.

MIT KONFIRMANDINNEN UND KONFIRMANDEN

■ **Überblick über die Arbeitsschritte:**

1. DOPPELSTUNDE: 1. Bildbetrachtung
2. Analyse eines Krimis
2. DOPPELSTUNDE: 1. Kain und Abel
2. Bildliche Umsetzung
3. DOPPELSTUNDE: Wir sind Kain
4. DOPPELSTUNDE: Einander begegnen und verstehen

Absicht

Die Konfirmandinnen und Konfirmanden sollen darauf aufmerksam werden, in welchem Ausmaß wir uns bereits an das Anschauen von Töten und Gewalt gewöhnt haben. Sie sollen Gewaltanwendung aus der Perspektive der Opfer betrachten und sich in deren Ängste einfühlen. Anhand der Geschichte von Kain und Abel soll deutlich werden, daß so etwas Schreckliches wie Töten offensichtlich schon seit Urzeiten zu den Menschen gehörte und deshalb eine Regelung wie das fünfte Gebot notwendig ist, das Übergriffe eines Menschen auf einen anderen verbietet. Die Bedeutung der Verschärfung des fünften Gebots durch Jesus soll an der aktuellen Problematik der Übergriffe auf Ausländer verständlich werden. In der Begegnung mit Ausländern und Ausländerinnen sollen die Konfirmandinnen und Konfirmanden vom bloßen Verbot des Tötens zu gelebter Gemeinschaft finden.

Material

- Papier für Wandzeitungen und größere Tuschbilder (DIN A2)
- Wasserfarben und Pinsel
- Pappkartons in möglichst einheitlicher Größe
- Ein Brett (ca. 1,50 m lang)
- Dicke Filzschreiber
- Orff – Instrumentarium oder Klangkörper, die aus unterschiedlichem Material selbst hergestellt werden.

Zeit

4 x 90 Minuten

Verlauf

1. DOPPELSTUNDE

1. Bildbetrachtung

Die Gruppe betrachtet das Bild von Pignon-Ernest[3] **M 1** und erhält Gelegenheit, erste Eindrücke zu äußern:
- Woran denkt ihr, wenn ihr dieses Bild seht?
- Kommen vergleichbare Bilder, die Gewalt und Töten zum Inhalt haben, in unserem Alltag vor?

[3] Denk mal nach ..., S. 40-41.

Vermutlich werden die Konfirmandinnen und Konfirmanden die Tagesschau oder Fernsehkrimis nennen.

2. Analyse eines Krimis

Bereits vor der Stunde sollte der/die Unterrichtende sich über Krimis informieren, die in dieser Woche im Fernsehen gezeigt werden. Er/sie sollte sich eine Aufzeichnung eines Krimis besorgen, die im Unterricht gezeigt werden kann. Ist dies nicht möglich, so werden die Konfirmandinnen und Konfirmanden aufgefordert, sich den entsprechenden Film zu Hause anzusehen. In jedem Fall sollte sichergestellt sein, daß alle denselben Film gesehen haben. Jeweils in Kleingruppen analysieren die Konfirmandinnen und Konfirmanden den gesehenen Fernsehkrimi. Dazu erhalten sie einen Papierbogen, auf dem bereits folgende Leitfragen notiert sind:

> Titel des Krimis
> - Welche Eigenschaften hat der Held/die Heldin in dem Film?
> - Wie werden Töten und Sterben dargestellt?
> - Welche Personen möchten wir gerne sein?
> - Welche Personen möchten wir nicht sein?
> - Nennt Gründe für Eure Wahl.

Jede Gruppe stellt anhand der Leitfragen eine Wandzeitung her, mit deren Hilfe sie ihre Auffassung von dem Krimi im Plenum vorstellt. Eine zusammenfassende Diskussion erfolgt unter den Gesichtspunkten:
- Sucht nach Gründen für die Beliebtheit solcher Fernsehsendungen.
- Handeln Jugendliche schneller gewaltsam, wenn sie viele Fernsehkrimis sehen, oder haben diese Sendungen keine Auswirkungen?

2. DOPPELSTUNDE

Für diese Doppelstunde werden zwei Varianten angeboten. Variante A ist für Gruppen gedacht, deren kognitive Leistungsfähigkeit nicht so groß ist, Variante B für Gruppen, die stärker gefordert werden wollen.

VARIANTE A:

3. Kain und Abel

Daß Menschen andere Menschen töten, hat es immer schon gegeben. Auch zu der Zeit, als die Texte des ersten Buches Mose entstanden, haben sich die Menschen nach Gründen dafür gefragt.

▼ **Als Erklärung haben sie folgende Geschichte erzählt:**

Als Adam und Eva nicht mehr im Garten Eden waren, mußten sie alles selber tun. Sie suchten sich aus, wo sie wohnen konnten. Sie bauten zusammen eine Hütte und machten sich Feuer. Morgens zog Adam los auf die Jagd. Sie lebten mehr schlecht als recht. Beide arbeiteten hart, sie ruhten zusammen aus, und wenn es kalt war, schmiegten sie sich eng aneinander.

Noch im selben Jahr geschah etwas Großes: Adam und Eva bekamen ein Kind, einen Sohn. Stolz sagte Eva: »Es ist ein Mann, und bekommen haben wir ihn von Gott.« Sie nannten ihn Kain. Es wurde auch noch ein zweiter Sohn geboren. Den nannten sie Abel. Kain wurde Bauer und freute sich an den Früchten, die er im Garten und auf dem Feld erntete. Abel wurde Hirte. Er freute sich an den Tieren und manchmal auch an schönen Fellen und Fleisch. Eines Tages nahm Kain eine große Schale und legte von allem, was er auf den Feldern geerntet hatte, etwas darauf. Er sagte: »Ich gebe dies an Gott zurück. Er soll sehen, daß ich dankbar bin.« Abel meinte: »Das ist eine gute Idee.« Er machte es auch so. Er legte etwas Fleisch von den Tieren, die er geschlachtet hatte, auf eine Schale und ein paar Felle dazu.

Da hatte Kain das Gefühl: »Gott sieht Abel lieber zu als mir.« Kain wurde wütend.

Er preßte seine Hände zusammen und sah ganz sauer aus. Gott fragte: »Warum guckst du denn so finster? Sieh mich an, sonst wirst du am Ende noch etwas Böses tun.«

Doch Kain lief fort, drehte sich noch einmal um und sagte ärgerlich zu Abel: »Komm her!« Als sie zusammen auf dem Felde waren, geschah es. Kain erschlug Abel. Er stieß ihn nieder und schlug ihn tot. Von da an wußte Kain nicht mehr, wohin er gehen sollte. Er wollte zu niemandem mehr gehören, auch nicht zu Gott. Doch Gott rief ihm entgegen: »Kain, wo ist Abel?« Kain sagte: »Ich habe doch nichts mit meinem Bruder zu tun.« Gott sprach: »Aber sicher hast du das. Was hast du getan, Kain? Es liegt Blut auf der Erde. Wie kann ich jetzt weiter mit dir gehen?«

Da ging Kain weg, weit weg wollte er fliehen. Aber selbst jetzt noch sorgte Gott für ihn. Gott sagte nämlich: »Niemand darf einen Menschen umbringen, weil er einen anderen umgebracht hat.« Kain durfte leben. Die Verantwortung dafür trug Gott.[4]

- Welche Gründe haben die Erzähler dieser Geschichte für das Töten gefunden?
- Gott will Kains Leben erhalten und übernimmt dafür selbst die Verantwortung.
- Welche Absichten Gottes mit den Menschen werden daran deutlich?

4. Bildliche Umsetzung
Die Geschichte von Kain und Abel wird in einzelne Szenen eingeteilt. Jeweils eine Kleingruppe malt zu einer Szene mit Wasserfarben ein Bild auf DIN A2-Papier, so daß die Geschichte später im Gottesdienst mit den zugehörigen Bildern erzählt werden kann. ▼

---
4 Erzählt nach: Eykmann, K.; Bouman, B., **Die Bibel erzählt**, Freiburg/Gütersloh 1978, S. 217-219.

▼ **VARIANTE B:**

3. Kain und Abel
Die Geschichte Gen 4,1ff. wird nicht erzählt, sondern in der Bibel nachgelesen:
- Gibt es Züge in dieser Geschichte, die sich auch in dem besprochenen Fernsehkrimi wiederfinden lassen?
- Beschreibt, wo Ihr Parallelen seht.

4. Bildliche Umsetzung
Statt der Geschichte von Kain und Abel wird nun eine Szenenfolge zum Fernsehkrimi gemalt, wobei die besprochenen Parallelen besonders deutlich werden müssen. Im Gottesdienst kann so mit Hilfe der Bilder eine Gegenwartsgeschichte erzählt werden. Die Deutung von Gen 4,1ff. kann durch diese Geschichte erfolgen.

**3. DOPPELSTUNDE –
WIR SIND KAIN**

Es sollen zunächst das fünfte Gebot und Luthers Erklärung dazu behandelt werden. Der/die Unterrichtende kann dazu die Fragen formulieren:
- Uns allen ist in unserem Leben viel verboten worden. Manche dieser Verbote waren uns lästig. Könnt ihr euch sinnvolle Verbote vorstellen?
- Das fünfte Gebot der Bibel ist ein Verbot. Es heißt: Du sollst nicht töten. Haltet ihr dieses Verbot für sinnvoll?

Luthers Erklärung zum fünften Gebot wird gelesen:
- Luther spricht hier nicht nur vom Töten. (Wir sollen Menschen überhaupt keinen körperlichen Schaden oder Leid zufügen.)
- Luther formuliert nicht nur ein Verbot, sondern auch eine Verpflichtung (Wir sollen Menschen helfen und in der Not beistehen.)
- Luther sagt: Wer diese Verpflichtung befolgt, den liebt Gott. Wie kommt er zu dieser Auffassung?

Nachdem im Unterricht erarbeitet wurde, daß wir aus christlicher Sicht den Wert jedes Menschenlebens achten und unseren Mitmenschen überhaupt kein Leid zufügen sollen, wird diese Einsicht mit der aktuellen Problematik der Ausländerfeindlichkeit konfrontiert.
Zur Einführung in die Problematik können verschiedene Rollenspiele dienen. Der/die Unterrichtende wird zunächst ein bis zwei Szenen vorgeben. Anschließend können auch in der Gruppe selbst Szenen entwickelt werden:
- Ein Mädchen/Junge hat einen türkischen Freund/eine türkische Freundin. Gespielt werden soll die Szene, als der Freund/die Freundin den Eltern vorgestellt wird.
- Du gehst abends über eine Geschäftsstraße. Plötzlich siehst Du, wie eine Clique von Jugendlichen einen aus- ▼

▼ ländischen Jugendlichen in einer Einkaufspassage angreift und verprügelt. Wie verhältst Du Dich?
Die Rollenspiele können in mehreren Varianten mit verschiedenen Lösungen durchgespielt werden. Mit der Gruppe wird besprochen, welche Variante schriftlich festgehalten und für den Gottesdienst eingeübt werden soll.

Die zunehmende Ausländerfeindlichkeit, die in Extremfällen zu Tötung führt, in vielen Fällen zu lebensgefährlicher Bedrohung, kann anhand der Texte und der Karrikatur (**M 1**) verdeutlicht werden:
- Könnt ihr euch Gründe für solche Formen von Gewalttätigkeit denken?
- Als Lösung des Problems wird häufig vorgeschlagen, die Einwanderung von Flüchtlingen und Asylbewerbern nach Deutschland einzuschränken. Könnt Ihr Euch noch andere Lösungen vorstellen?
- Wie sollten sich die christlichen Kirchen angesichts zunehmender Gewalt verhalten?

Im Neuen Testament ist uns, als Predigt zusammengefaßt, eine Sammlung von wichtigen Worten Jesu überliefert. Er hat auch etwas zu dem Gebot »Du sollst nicht töten« gesagt. Matthäus 5, 21-24 wird gelesen:
- Wie verhält sich Jesus in diesem Text zum fünften Gebot?
- Wozu fordert er seine Hörer auf?
- Stellt euch vor, Jesus käme heute nach Eberswalde, Rostock oder Hamburg. Wie müßten seine Worte dann lauten? Versucht, den Text so umzuschreiben, daß er zu unserer heutigen Situation paßt.
- Könnt ihr euch vorstellen, selber nach diesen Grundsätzen zu leben?

4. DOPPELSTUNDE – EINANDER BEGEGNEN UND BESSER VERSTEHEN

Es kann für die Konfirmandengruppe zu einem eindrücklichen Erlebnis werden, selber mit Flüchtlingen und Asylsuchenden ins Gespräch zu kommen, die in ihrer Umgebung leben. Zugleich kann dies eine Gegenerfahrung sein gegenüber den Nachrichten von Haß und Gewalttätigkeit. Allerdings müssen die ausländischen Gesprächspartner sensibel ausgewählt werden. Das Gespräch darf für sie weder in zeitlicher noch in inhaltlicher Hinsicht eine Zumutung werden. Deshalb empfiehlt es sich, etwa den/die Ausländerbeauftragte(n) des Kirchenkreises an der Vorbereitung und Durchführung des Gesprächs zu beteiligen, weil sie die Situation der ausländischen Mitbürger und Flüchtlinge in der Regel besser kennen als die Ortspfarrer. Sie könnten ausländische Gesprächspartner vermitteln, die bereit wären, in den Konfirmandenunterricht zu kommen und über ihre Lage zu sprechen.

Schülerinnen und Schüler einer 9. Hauptschulklasse in Bad
▼ Kreuznach haben sich auf eine solche Begegnung sorgfältig vorbereitet und folgende Fragen formuliert, die sie ihren Gästen stellen wollten:

Fragen an die Ausländer

Wie alt seid ihr?
Wo kommt ihr genau her?
Warum seid ihr ausgerechnet nach Deutschland gekommen?
Welche Eindrücke habt ihr von den Deutschen?
Wollt ihr wieder in euer Heimatland zurück?
Wo wohnt ihr?
Wie lange seid ihr schon in Deutschland?
Wie stellt ihr euch eure Zukunft vor?
Habt ihr Arbeit?
Habt ihr deutsche Freunde?
Was erwartet ihr von Deutschland?

---

1. Wie erleben Sie christliche Feste? (Weihnachten, Ostern)
2. Bereiten Ihnen Eß- und Trinkgewohnheiten bei uns Schwierigkeiten?
3. Wie werden Sie als Ausländer behandelt?
4. Wie werden Sie von der deutschen Gesellschaft angenommen?
5. Wie war Ihre frühere Schulzeit?
6. Aus welchem Grund haben Sie Ihr Heimatland verlassen?
7. Wie denken Sie über Verfolgung von Menschen in anderen Ländern?

In dieser Klasse verlief das Gespräch folgendermaßen:
Die Überschrift »Ausländer unter uns, Flüchtlinge in Deutschland« wurde von der Unterrichtenden an der Tafel notiert.
- Die Jugendlichen wurden um Stellungnahme gebeten.
- Die Unterrichtende sammelte Ideen und Kommentare an der Tafel.
- Das Festgehaltene wurde zusammengefaßt und kurz besprochen.

Erst danach begann die Gesprächsrunde mit den ausländischen Gästen:
- Die Gäste stellten sich vor. (wer sie sind, woher sie kommen, warum sie ihr Heimatland verlassen haben, wie sie hier leben, wie es ihnen hier geht)
- Die Jugendlichen stellen Fragen an ihre Gäste.

Zusammenfassung:
- Was war uns neu? Was haben wir gelernt?
- Was war für uns wichtig?

In einer abschließenden Gesprächsrunde wird überlegt, was zum friedlichen Zusammenleben zwischen Ausländern und Deutschen in unserem Land beiträgt. Die Gesprächsergebnisse werden in Stichworten festgehalten. Diese werden von den Konfirmanden und ihren Gästen gemeinsam in großen, gut lesbaren Buchstaben auf die bereitstehenden Pappkartons übertragen. Mit Hilfe eines Bretts werden die Kartons zu einer Brücke aufgebaut, die auch in einem Gottesdienst Verwendung finden kann.

Eine Brücke laßt uns bauen

Ein Gottesdienst

Ernst Barlach: Güstrower Ehrenmal – Schwebender Engel, Bronze, 1927
Maße: H 710 cm, Schulterbreite 745 cm, T 2170 cm, hintere Schrägfläche 745 cm, bez. an der Schrägfläche u. l. E. Barlach, Guß von Hermann Noack, Berlin Friedenau, Standorte: Güstrow Dom, Antoniterkirche zu Köln, Schleswig-Holsteinisches Landesmuseum, Schleswig, © Ernst und Hans Barlach GbR Lizenzverwaltung Ratzeburg

ERNST BARLACH, DER ENGEL, 1927

☞ **Am 2. Januar 1870** wurde Ernst Barlach in Wedel (Holstein) geboren und lebte seit 1910 in Güstrow. Er bewunderte den Güstrower Dom und hegte lange den Wunsch, in diesen Raum hinein eine schwebende Gestalt zu schaffen. Zur Siebenhundertjahrfeier des Domes 1927 schenkte er der Stadt einen Bronzeengel, der als Ehrenmal für die Gefallenen des Ersten Weltkrieges gedacht war. Er wurde an Ketten im Gewölbe eines Seitenschiffes der Kirche angebracht.

Diese schwebende Gestalt kann als Symbol der schmerzvollen Erinnerung und der Überwindungskraft zugleich angesehen werden. Schon bald ist eine Ähnlichkeit des Gesichtes mit Käthe Kollwitz bemerkt worden, in deren Schicksal Barlach gleichnishaft den Schmerz aller Mütter verkörpert sah, die ihre Kinder im Krieg verloren hatten. Der Engel scheint in Erinnerung und innerer Schau zu verharren. Dieser Eindruck wird besonders durch die großen, geschlossenen Augen erweckt, die durch die starken, vom Nasenrücken ausgehenden und bis zu den Wangen auslaufenden Bögen der Augenbrauen zusätzlich betont werden. Offensichtlich haben diese Augen so tief in Schicksal, Leid und Schuld geblickt, daß sie von der Geschäftigkeit der Gegenwart nichts mehr sehen wollen. Der Mund ist fest geschlossen, vielleicht weil mit menschlichen Worten nicht ausgesagt werden kann, was er erlebt hat. Mit ihren vor der Brust gekreuzten Händen stellt die Figur ein Höchstmaß an Konzentration dar. Das erhobene Haupt, die konzentrisch auf den Kopf zulaufenden Falten des Gewandes, die abgeflachten Schultern und die gestreckten Füße geben ihr aber auch etwas Straffes, Kraftvolles. So spricht der Engel zugleich von der Kraft der Überwindung, die sich einer anderen Wirklichkeit verdankt und sich durch das Erleben des Schrecklichen nicht hat zerbrechen lassen.

»Für mich hat während des Krieges die Zeit stillgestanden. Sie war in nichts anderes Irdisches einfügbar. Sie schwebte. Von diesem Gefühl wollte ich in dieser im Leeren schwebenden Schicksalsgestalt etwas wiedergeben«, so kommentierte Barlach selber seine Plastik.[5]

Während der Zeit des Nationalsozialismus wurde der Engel Gegenstand heftiger Angriffe. Dies ist im Zusammenhang der Verleumdungskampagne gegen Barlach zu sehen; man bezeichnete ihn und seine Kunst als »Kulturschande«, »undeutsch« und »entartet«. Der Kampagne fiel ein großer Teil seiner Werke zum Opfer. So wurde auch der Engel am 24. August 1937 aus dem Dom entfernt und später auf einen Erlaß H. Görings hin eingeschmolzen. Ernst Barlach wurde von dieser höhnischen Ächtung tief getroffen und starb im Jahr 1938 in einer Rostocker Klinik.

1942 hatte Bernard Böhmer den Mut, das Werkmodell des Engels zu einer Gießerei nach Berlin zu schicken. Er ließ dort auf eigene Kosten eine Zweitbronze herstellen, die in einem Versteck in der Lüneburger Heide das Hitlerregime überdauerte. Nach dem Krieg konnte sie in der Nordkapelle der Kölner Antoniterkirche aufgehängt werden. Später ist ein Drittguß hergestellt worden, der heute wieder im Güstrower Dom hängt.[6]

Soll mit der Konfirmandengruppe ein Gottesdienst zur Problematik des fünften Gebots gestaltet werden, könnte man in die Vorbereitung die Seiten 42 und 43 aus »Denk mal nach ...« in folgender Weise einbeziehen:

Das Barlach-Lied von Wolf Biermann[7] **wird gelesen.**
- Beschreibt die Stimmung, die in diesem Lied zum Ausdruck kommt. (Angst, Panik, Verzweiflung, Todesangst)
- Was könnte mit der Zeile gemeint sein: »Vom Himmel auf die Erde falln sich die Engel tot«? (Niemand beschützt uns mehr. Die Welt ist durcheinandergeraten.)

---

5 Zit. Piper, R., **Spaziergang an der Nebel**, 1928, in: Ruppel, Helmut; Schmidt, Ingrid: Von Angesicht zu Angesicht, Aufmerksamkeit für Ernst Barlachs Bilder vom Menschen, Neukirchen-Vluyn 1984, S. 116.
6 Vgl. a.a.O., S. 117.
7 **Denk mal nach ...**, S. 42.

Der Text ist von Wolf Biermann als Lied gedacht. Man kann also versuchen, ihn musikalisch zu interpretieren. Mit Orff-Instrumentarium oder selbst hergestellten Klangkörpern (s.u.) werden Klänge gesucht, die Stimmungen der Dunkelheit, Verzweiflung und Todesangst wiedergeben. Hat man sich auf eine bestimmte Klangfolge geeinigt, wird ein Klangbild eingeübt: Eine Person liest langsam und deutlich den Text vor, und die übrigen Gruppenmitglieder produzieren die zugehörigen Klänge.
Sollte in der Gemeinde kein Orff-Instrumentarium vorhanden sein, lassen sich aus einfachen Materialien Klangkörper herstellen. Hohe und tiefe Töne entstehen, wenn man Flaschen mit größeren und kleineren Mengen Wasser füllt und über die Öffnung bläst. Geräusche lassen sich auch durch das Anschlagen von Kochtopfdeckeln und das Kneten von Sandsäkken erzeugen.

Der/die Unterrichtende deutet den Titel »Barlach-Lied«: Er erinnert an den deutschen Künstler Ernst Barlach, der den Ersten Weltkrieg und den aufkommenden Nationalsozialismus mit der Anfeindung vieler Menschen erlebt hat. Die persönlichen Gefühle dieser Menschen konnte er in seinen Plastiken zum Ausdruck bringen.

Biermann erinnert mit seinem Text an diese Zeit, in der Engel fallen mußten und Mütter mit ihren Kindern Todesängste litten.
- Auf dem Bild hinter dem Lied seht ihr solche Kinder und Mütter. Könnt ihr die Bedeutung des Judensterns erklären?
- Könnt ihr euch Gründe für die Ermordung von Millionen Juden während der Zeit des Nationalsozialismus denken?

Gottesdienstverlauf

- Orgelvorspiel und Begrüßung
- Lied: Lobet den Herren alle, die ihn ehren... EG 447, 1-3
- Eingangswort
- Rollenspiel (ausgewählte Szene s.o.)
- Schuldbekenntnis
- Lied: EKG 447,6-8
- Die Geschichte von Kain und Abel (von der Konfirmandengruppe anhand selbstgemalter Bilder erzählt)
- Lied: Einmal wurd' es am Himmel hell ...
- Wir sind Kain und Abel:
  - Klangszene zum Barlach-Lied (Strophe 1 und Refrain)
  - Erfahrungsbericht eines Ausländers/einer Ausländerin (aus den Gesprächen zusammengefaßt)
  - Klangszene zum Barlach-Lied (Strophe 2 und Refrain)
  - Zeitungsausschnitt über Rechtsradikalismus und Ausländerhaß in Deutschland (**M 1**)
  - Klangszene zum Barlach-Lied (Strophe 3 und Refrain)
- Ansprache
- Lied: Gib uns Frieden jeden Tag ... (Mein Liederbuch, B 17)
- Eine Brücke zum anderen bauen (Konfirmanden bauen die Brücke aus Pappkartons auf und lesen jeweils die Stichworte auf den Kartons vor)
- Fürbittengebet
- Vater unser
- Lied: Herr, gib mir Mut zum Brücken bauen... (Mein Liederbuch, B 60)
- Segen
- Orgelnachspiel

54 | **Arbeitsmaterialien** | Handbild | **M1** | **Das fünfte Gebot** | Eine Brücke laßt uns bauen

Ernest Pignon-Ernest
Travailleur du Dauphiné, Grenoble, 1976

Denk mal nach ..., S. 40 – 41

Mein Leben in Deutschland

Ich bin in der Türkei geboren, aber ich bin kein Türke, sondern Kurde. Als ich nach Deutschland kam, kam ich mit dem Auto meines Onkels. Mein Bruder und meine Mutter waren früher als ich in Deutschland. Als wir in das Haus meines Onkels kamen, waren mein Bruder und meine Mutter schon dort. Ganz schnell hat mein Bruder meine Schwester und mich in einer Schule angemeldet. Diese Schule war so klein, in der Türkei hatten wir noch größere. Wir waren ein halbes Jahr in dieser Schule. Nach einem halben Jahr kamen wir in die Paul-Hindemith-Schule. Diese Schule war so groß. In dieser Schule war meine Schwester in der 6. Klasse und ich in der 5. Klasse.

Als wir in der Türkei waren, haben die unser Haus verbrannt. Darum sind wir nach Deutschland gekommen. Aber jetzt sind wir in Sicherheit und haben jetzt eine gute Wohnung.

Wenn Sie fragen: »Warum haben die euer Haus verbrannt?« Weil mein Vater Bürgermeister im Dorf war. Die wollten nicht, daß mein Vater Bürgermeister war.

Ich finde es in der Türkei besser, aber wir sind dort nicht in Sicherheit. In Deutschland sind wir aber in Sicherheit.

Tercan, 12 Jahre, Frankfurt

aus: »Wir leben hier. Ausländische Jugendliche berichten«, hrsg. v. Holler, U.; Teuter, A., Alibaba-Verlag Frankfurt/M.

»Ich habe Angst.« Die zwölfjährige Y. aus Ägypten geht seit Tagen nicht zur Schule. Es wäre die übernächste U-Bahnstation vom Wohnheim für Asylbewerber im Osten Hamburgs, wo sie seit zwei Jahren mit ihren Eltern und drei Geschwistern lebt. Sie hat die Bilder aus Rostock gesehen. Ihre vierzehnjährige Schwester A. besucht zwar den Unterricht, aber mit der Angst lebt auch sie. In der Nacht zum Sonntag wachten die drei Schwestern abwechselnd – 15 ist die älteste, und keine will ihren Namen genannt wissen –, weil sie auf der Straße einen Mann »Ausländer Scheiße, Ausländer raus« schreien hörten. Ein Schuß sei gefallen, dann ein Auto schnell weggefahren.

Auch wenn solche Wahrnehmungen einer erregten Phantasie zuzuschreiben wären, zeigen sie doch die tiefen Wunden, die nach den jüngsten Ereignissen von neuem aufgebrochen sind. Vor einem Jahr war ein Brandanschlag auf das Heim verübt worden. Danach organisierten Deutsche auf Initiative der Grünen für mehrere Monate einen nächtlichen Wach- und Warndienst. Das ist nun wieder aktuell geworden. Die Gruppe hat weitergearbeitet mit den Asylsuchenden, Frauen zu einer »Teestube« eingeladen, Kontakte zu deutschen Familien vermittelt.

aus: Deutsches Allgemeines Sonntagsblatt, Nr. 36, 4. September 1992

aus: Schweigen ist Schuld. Ein Lesebuch der Verlagsiniative gegen Gewalt und Fremdenhaß. © André Poloczek

Das sechste Gebot

Wie man einen Anfang findet

»**Erst mochte ich sie.** Dann wieder gar nicht. Dann war alles ganz anders. Und jetzt bin ich ratlos.«[1] Der lange Text »Neben dem blauen Seepferdchen« beginnt mit einer Liebesgeschichte in Stichworten. Damit ist angedeutet, was sich an Zuneigung, Ernüchterung, Verwirrung und schließlich Ratlosigkeit gleich entwickeln wird.

Perlend lachend, sonnenbebrillt und schön fällt einem ca. 14jährigen Jungen am Rande des Schwimmbeckens ein Mädchen in Auge und Ohr. Wie er nun versucht, Kontakt zu finden, und was er alles unternimmt, um Aufmerksamkeit zu erringen, ist die Geschichte. Sie läßt Leserin und Leser den Überlegungen des Jungen lauschen, die seine Annäherungsversuche vorbereiten, und in das Wechselbad der Gefühle eintauchen, das die Reaktionen »der Schönen«[2] auslöst.

Wie man überhaupt einen Anfang findet, ist ein zentrales Problem von Jugendlichen im Konfirmandenalter. Wo und wie nimmt man Kontakt zum anderen Geschlecht auf? Wie überwindet man am besten Unsicherheit und Hemmschwellen? Was muß man tun, welche ersten Worte wählen, um ein Gespräch zu beginnen, von dem man hofft, alles weitere werde sich daraus entwickeln? Die individuelle und befriedigende Lösung dieses Problems trägt erheblich zum Gelingen des Selbstfindungsprozesses und zu Ausbildung jugendlichen Selbstbewußtseins bei. Einüben und entwickeln von Fähigkeiten zwischenmenschlichen Lernens in Konflikten und immer neuen Anfängen sind wegweisend für das weitere Leben.[3]

Der Text »Neben dem blauen Seepferdchen« bietet eine jugendgemäße Möglichkeit, über dieses schwierige Thema »zu reden«. Rollenerwartungen können geklärt, Handlungsmöglichkeiten erörtert, Reaktionen des anderen Geschlechts gehört, kurz: wichtige Aspekte aus dem Vorfeld von Freundschaft (und Liebe) erarbeitet werden.

Darüber hinaus bietet der verblüffende Ausgang der Geschichte von Josef Reding auch Gelegenheit, die Tragfähigkeit des sechsten Gebotes in einem jugendgemäßen Kontext auf die Probe zu stellen. Am Ende einer Reihe von Kontaktversuchen wartet der Junge auf »die Schöne« vor dem Schwimmbad. Als sie endlich herauskommt, tastet sie sich an der Hand ihrer Schwester mit einem weißen Stock vorwärts. Die Schöne ist blind. Der Junge, an dem sie vorbeigeht, ohne ihn wahrzunehmen, bleibt ratlos zurück.

Auf einmal ist »alles ganz anders«, die Schöne erscheint in einem anderen Licht. Was ist jetzt zu denken, gar zu tun? Flüchten oder standhalten, hingehen oder weglaufen? Was heißt hier »treu sein«?[4] Oder stellt sich die Frage vielleicht gar nicht?

MIT KONFIRMANDINNEN UND KONFIRMANDEN

■ **Überblick über die Arbeitsschritte**

1. STUNDE: 1. Ein schriftliches Rollenspiel
            2. Die Geschichte lesen und besprechen
            3. Eine persönliche Bilanz ziehen
            4. Die nächste Stunde vorbereiten

2. STUNDE: 5. Wiederholen und einstimmen
            6. Das Ende der Geschichte lesen
            7. Eine Fortsetzung der Geschichte aufschreiben

Absicht

Die Konfirmandinnen und Konfirmanden reflektieren, wie Kontakt zum anderen Geschlecht aufgenommen und eventuell weiterentwickelt werden kann, welche Hindernisse sich dabei für einen selbst und den Partner ergeben, welche Reaktionen eigenes Verhalten (oder auch Nichtstun) auslösen können, wie mit Konflikten und Niederlagen umgegangen werden kann.

Bei dieser Erarbeitung können sich Konfirmandinnen und Konfirmanden damit auseinandersetzen, daß keine Partnerin und kein Partner ein Mensch nach eigenen Wünschen ist, sondern immer ein ganz selbstständiger Mensch mit vielen liebenswerten Zügen, aber auch mit anderen Eigenschaften, die zu akzeptieren schwer fällt.

Das sechste Gebot kann in diesem Zusammenhang unter dem Aspekt »Treue halten« angesprochen werden. Konfirmanden erhalten dadurch Gelegenheit, danach zu fragen, wie man mit der Seite des Partners auskommen kann, die nicht den Wunschvorstellungen entspricht, ob und wie man also dem Partner (und sich selbst) treu sein kann und welche Konsequenzen sich daraus ergeben.

---

1 **J. Reding, Neben dem blauen Seepferdchen,** Denk mal nach ..., S. 49.
2 Ebd. S. 51.
3 **Cornelius J. Straver, Lernziel: Partnersuche,** Verlag Deutsches Jugendinstitut, München 1984.

4 »Gott ... hält mir die Treue. Die soll ich in Ehe und Freundschaft auch halten, nicht lieblos verspielen und Schuld gerne vergeben.« Text zum 6. Gebot, **Denk mal nach ...,** S. 46.

MIT KONFIRMANDINNEN UND KONFIRMANDEN | 57

Material
- Folie **M 1**
- Arbeitsbogen **M 2**
- Kugelschreiber, Karteikarten (Zettel entsprechender Größe)
- Text: »Neben dem blauen Seepferdchen«

Zeit
2 x 90 Minuten

Verlauf

1. STUNDE

1. Ein schriftliches Rollenspiel

Folie **M 1** an eine freie Wandfläche projizieren. Dieses Bild kann während des gesamten ersten Arbeitsschrittes stehenbleiben.

Nach einer kurzen Betrachtungsphase kann z.B. folgender Einstieg gewählt werden:
- Das sind Steffi und Sven. Sie haben sich eher zufällig getroffen, können sich aber auf den ersten Blick ganz gut leiden. Versucht doch einmal herauszubekommen, was die beiden jetzt denken.

Im Anschluß an einen kurzen Meinungsaustausch führen folgende Impulse weiter:
- Es müßte jetzt etwas geschehen, um in Kontakt miteinander zu kommen.
- Wer macht jetzt den »ersten Schritt«? Ist es besser, selbst aktiv zu werden oder darauf zu warten, was der andere macht?
- Warum ist es in solchen Situationen so schwer, sich so wie sonst auch zu verhalten?

- Ich schlage ein kleines, anonymes Experiment vor. Eure Aufgabe ist es, einen möglichst guten Gesprächsanfang zu finden, und zwar die Mädchen für Steffi und die Jungen für Sven. Dazu habe ich dieses Bild von Sven und Steffi fotokopiert und mit Sprechblasen versehen. Tragt bitte euren Gesprächsanfang in die entsprechende Sprechblase ein. Wenn ihr fertig seid, werde ich die Blätter einsammeln, mischen und so verteilen, daß niemand weiß, von wem das Blatt stammt. Ihr versucht dann, auf den Gesprächsanfang, den ihr dort findet, in der jeweils leeren Sprechblase so zu antworten, daß eine Fortsetzung des Gesprächs leicht ist.

M 2 verteilen. Beim zweiten Verteilen nach dem ersten Arbeitsschritt darauf achten, daß nach Möglichkeit die Jungen die Gesprächsanstöße der Mädchen beantworten müssen und umgekehrt. Nach Erledigung des zweiten Arbeitsschrittes die Fotokopien wieder einsammeln und selbst (Anonymisierung) nacheinander vorlesen.

Zwischen den einzelnen »Versuchen« eine Pause geben, um damit Äußerungen der Konfirmandinnen und Konfirmanden zu provozieren.

Anregungen für ein Auswertungsgespräch:
- Was hat mir gefallen und was nicht?
- Geschickte und ungeschickte Einstiegsworte.
- Gibt es so etwas wie ein Rezept oder eine Masche?
- Wie möchte ich selbst angesprochen werden?
- Was ist eine »Anmache«?

2. Die Geschichte lesen und besprechen
- Ich lese euch jetzt eine Geschichte vor, in der beschrieben ist, was ein Junge alles unternimmt, um mit einem Mädchen in Kontakt zu kommen.
Geschichte bis »... Also bleibt es bei einer Zeitung aus Deutschland« lesen.[5]

Gesprächsanregungen zur Auswahl:
- Manche Leute »blasen sich ganz schön auf.«
- Mit gefällt am Verhalten des Jungen ... / Mir gefällt weniger ...
- Wie schätzt ihr das Verhalten des Mädchens ein?
- Was hätte man besser machen können?
- Darf man seine »Schokoladenseite« herauskehren?
- Das Schwerste, wenn man jemanden kennenlernen möchte, ist ...
- Eine gute Gelegenheit zum Kennenlernen ist ...
- Ich interessiere mich für jemanden, wenn ...?
- Auf Äußerlichkeiten kommt es an ... / kommt es nicht an ...
- Wir nennen einen Menschen schön, wenn ...
- Von einem Freund/einer Freundin wünsche ich mir, ...

3. Eine persönliche Bilanz ziehen
- Wir haben noch 5 Minuten Zeit für eine ganz persönliche Bilanz dieser Stunde. Ihr müßt sie niemandem mitteilen. Sie ist wirklich ganz allein für euch.

Folgenden Satzanfang anschreiben:

> »Wenn ich das nächste Mal jemanden näher kennenlernen möchte, könnte ich ...«

DIN A 6-Zettel verteilen; jede(r) vervollständigt diesen Satz. Wer fertig ist, faltet seinen Zettel zusammen und steckt ihn »zur Erinnerung« ein.

4. Die nächsten Stunde vorbereiten

Die wichtigsten Äußerungen und Ergebnisse dieser Stunde werden notiert, um als Tafelanschrieb oder Wandplakat die Einstimmung ins Thema der nächsten Stunde zu leisten.

---
5 **Denk mal nach ...**, S. 51.

2. STUNDE

5. Wiederholen und einstimmen
Äußerungen aus der letzten Stunde vor Unterrichtsbeginn im Raum anbringen. Kurzes Erinnerungsgespräch führen; z.B. einzelne Voten vorlesen lassen, Meinungen dazu erfragen, an Äußerungen mit großer Zustimmung oder Ablehnung erinnern, ...

6. Das Ende der Geschichte lesen
Reaktionen abwarten. Nachstehende Gesprächsanregungen an die Tafel schreiben.

> Als der Junge sieht, daß das Mädchen blind ist, denkt er ...
> Treu sein heißt ...

7. Eine Fortsetzung der Geschichte schreiben
Zur Erleichterung dieser Aufgabe können auch folgende Alternativen vorgeschlagen werden:
- Die Mollige erzählt ihrer blinden Schwester, daß der Junge vor dem Schwimmbad stand ...
- Der Junge erzählt seinem Freund von dem Schwimmbadbesuch ...
- Die »Schöne« lädt den Jungen aus dem Schwimmbad zu sich ein ...
- Beim nächsten Besuch im Schwimmbad sieht der Junge »die Schöne« wieder neben dem blauen Seepferdchen sitzen ...

Vorlesen, vergleichen, diskutieren ...
- Welche Lösungen sind realistisch? Welche sind schön, aber weniger wahrscheinlich?
- Wo spielte das Thema »Treue« eine Rolle? Was wurde an Treue verwirklicht und was nicht?
- Stellt sich so eine Frage wie »Treue« hier überhaupt? Ggf. den Text zum sechsten Gebot »Denk mal nach ...«, S. 46 lesen und diskutieren.
- Könnt ihr euch vorstellen, daß die Liebe so groß ist, daß die Behinderung eines Partners nebensächlich wird?

Ergänzungen – Alternativen – Hinweise
Der Liebe auf der Spur, Spielfilmreihe zur Sexualerziehung in acht Folgen, herausgegeben im Auftrag des Bundesministeriums für Jugend, Familie, Frauen und Gesundheit, erhältlich über die Landesbildstellen und Evangelische Medienzentralen[1]. Die Spielfilmreihe ist auch auf Videobändern erhältlich. Das Foto **M 2** stammt aus der 3. Folge dieser Filmreihe.

---

[1] **Norbert Kluge (Hg.), Der Liebe auf der Spur,** Das Buch zur achtteiligen Spielfilmserie, RETRO PLUS Redaktionsagentur, Essen

aus: Norbert Kluge (Hg.), Der Liebe auf der Spur, Albanus Verlag, Düsseldorf 1989

Das siebte Gebot

Was ist denn schon dabei?

»**Du sollst nicht stehlen!**« Dieses siebte Gebot, was geht es uns an? Schließlich sind wir keine Diebe. Die meisten Jugendlichen und Erwachsenen könnten hier das Empfinden haben, daß sie als ehrbare Leute gar nicht gemeint sind. Doch obwohl wir uns nicht direkt an fremdem Eigentum vergreifen, können wir uns durch dieses Gebot nach unserem Verhältnis zu Eigentum und Wohlstand befragen lassen. Schon jedes Kind kann erfahren: Ich fühle mich besser, wenn ich etwas habe, mit dem ich mich herausstellen, »angeben« kann. Die Werbung weckt in uns Bedürfnisse nach vielen Dingen, die wir gar nicht unbedingt zum Leben brauchen.

Nicht nur Kinder und Jugendliche, die in Kaufhäusern stehlen, sondern auch, wer Wucherpreise in Altersheimen oder bei der Vermietung an Ausländer verlangt, muß sich in der modernen Industriegesellschaft an das siebte Gebot erinnern lassen. Schließlich hat unsere Einstellung zum Besitz nicht nur Folgen für unseren persönlichen Lebenskreis, sondern auch für das Zusammenleben der Menschen auf unserer Erde. Heute leben auf der einen Seite der Erde Menschen im Überfluß, während es auf der anderen noch an den nötigsten Grundnahrungsmitteln fehlt. Wir Europäer gehören zu den 30 Prozent der Erdbevölkerung, die 80 Prozent der Güter besitzen. Denken wir beim siebten Gebot auch an unsere Butterhalden, Obst- und Fleischberge? Kraftfutter aus Nahrungsmitteln kaufen wir den reichen Farmern und Händlern in den Entwicklungsländern ab, während die Armen dort hungern. Ist nicht auch dies eine Form des Diebstahls? Immer noch werden der Anbau und die Herstellung von Produkten in Europa gefördert, bei denen auch die Entwicklungsländer export- und konkurrenzfähig wären. Durch mangelnde Exportmöglichkeiten verschlechtern sich die Wachstumschancen dieser Länder und damit ihre Fähigkeit, ihre Schulden zurückzuzahlen.[1]

Diese ungleiche Verteilung der Güter bringt die Welt aus dem Gleichgewicht. Könnte es beim siebten Gebot über das direkte Stehlen hinaus nicht auch um das Festhalten an Dingen gehen, die andere nötig brauchen oder um das Beschneiden elementarer Lebensrechte? Offensichtlich haben die reichen Länder unserer Erde in diesem Zusammenhang das Gefühl für das rechte Maß verloren. Das ist der Mangel, an dem sie leiden, mitten im Überfluß. Vor diesem Hintergrund gewinnt das siebte Gebot noch ganz andere Dimensionen. Es begegnet uns als Frage nach gerechten und menschenwürdigen Lebensverhältnissen.

BESITZ UND REICHTUM – THEOLOGISCHE ASPEKTE

☞ **Die Frage nach Gerechtigkeit** ist schon in der biblischen Tradition angelegt, die sich mit Besitz und Reichtum befaßt. Allein drei der zehn Gebote gelten dem Besitz. Das siebte Gebot, bei dem das Objekt des Stehlens nicht genannt ist, könnte ursprünglich auch den Sinn gehabt haben, Freiheitsberaubung abzuwehren. Es wird den Israeliten verboten, ihre freien Volksgenossen zu versklaven und so gegen ihre von Gott begründete Menschenwürde zu verstoßen. Später wurde das Gebot dann stärker auf materiellen Besitz und Sachwerte bezogen.[2] Zu Wohlstand und Reichtum kamen nur wenige in Israel; manche von ihnen dadurch, daß sie die Armen bedrängten und durch geschicktes Ausnutzen ihrer Notlage um ihren geringen Besitz brachten. Aus der Erfahrung dieser sozialen Ungerechtigkeit heraus entstand die prophetische Bewegung, der etwa Jesaja und Micha angehörten. Zur Regierungszeit der Könige Ahas und Hiskia (742 – 697 v. Chr.) klagen sie die unersättliche Habgier der städtischen Oberschicht an, die den Kleinbauern und Handwerkern Haus und Felder raubt. Maßstab dieser Anklage sind die Ordnungen des Jahwebundes, der auch den Geringsten in der Gemeinschaft Lebensmöglichkeiten erhalten will.[3]

Solch ein glückliches Zusammenleben auf der Erde bezeichnen die Menschen in Israel seit altersher als »Schalom«. Das Wort bedeutet Frieden und Heil. Zugleich erinnert Schalom an den Bund, den Gott mit der Welt geschlossen hat, daran, daß er ein friedliches und heilvolles Leben für die ganze Erde will. Immer wieder haben Menschen diesen Willen Gottes mißachtet und den Bund ihrerseits gebrochen. Darin sieht das Alte Testament den Grund für das Böse und die Ungerechtigkeit in der Welt. Aber das Volk Israel gab seine Hoffnung auf eine Welt in allumfassendem Frieden nie völlig auf. Es verband sie mit der Hoffnung auf den Messias, den Gott schicken wird, und beschrieb sie in Bildern, die wir z.B. im Buch des Propheten Jesaja finden (Jes 11,1-10).

---

1 Vgl. **Bewältigung der Schuldenkrise – Prüfstein der Nord-Süd-Beziehungen,** Eine Stellungnahme der Kammer der EKD für Kirchlichen Entwicklungsdienst, EKD-Texte Nr. 23, Hannover 1988, S. 14-15.
2 Vgl. **Noth, Martin; Das zweite Buch Mose, Exodus,** ATD Band 5, 7.Aufl., Göttingen 1984, S. 133.
3 Vgl. **Kaiser, Otto; Das Buch des Propheten Jesaja,** Kap. 1-12, ATD Band 17, 5. Aufl., Göttingen 1981, S. 103-107; **Weiser, Arthur; Die Propheten Hosea, Joel, Amos, Obadja, Jona, Micha,** ATD Band 24, 8. Aufl., Göttingen 1985, S. 229-245.

Jesus wußte, daß der Besitz eine große Macht ist, die das Herz der Menschen verhärten kann (Lk 12,13-21). Er zeigte, daß wir das Leben verfehlen, wenn wir zu sehr an unserem Besitz hängen (Mt 19,16ff.). Aber wenn wir uns der Notlage anderer öffnen, sind wir offen für Jesus Christus selbst (Mt 25,35-40). Noch im Epheserbrief werden die Glieder der Gemeinde ermahnt: »Wer gestohlen hat, stehle nicht mehr, sondern arbeite und schaffe mit den Händen etwas Gutes, auf daß er habe zu geben den Bedürftigen« (Eph 4,28).

Von solchen Ermahnungen und vom siebten Gebot sollte kein Christ sich vorschnell distanzieren. Darum ging es Martin Luther, wenn er zur Auslegung des siebten Gebots im Großen Katechismus sagt: »Die ganze Welt ist ein Stall voller Diebe.«[4] Nicht klevere Bereicherung durch falschen Handel ist nach Luther Sache des Christen, sondern eine am Allgemeinwohl orientierte Unterstützung seines Nächsten, um »... ihm sein Gut und Nahrung helfen bessern und behüten«[5].

Sozialkritischer als Luther wendet sich Thomas Müntzer in der Tradition der alttestamentlichen Propheten gegen die konkrete wirtschaftliche Ausbeutung während der Reformationszeit. Er macht die Habgier der Fürsten dafür verantwortlich, daß Bauern und Handwerker verarmen und in ihrer Not schließlich auch gegen das siebte Gebot verstoßen.[6] Diese gesamte theologische Tradition hält uns dazu an, das Gebot »Du sollst nicht stehlen« in einem weiten gesellschaftskritischen Zusammenhang zu interpretieren.

---

4 Zit. nach: Helbig, Hans-Martin, **Zehn Zeichen Gottes, Die Gebote für unsere Tage,** Christlicher Zeitschriftenverlag Berlin, o.J., S. 82.
5 Zit. **Denk mal nach ...,** S. 15.
6 Vgl. a.a.O., S. 56 – 57.

MIT KONFIRMANDINNEN UND KONFIRMANDEN

■ **Überblick über die Arbeitsschritte**

1. DOPPELSTUNDE: 1. Was wir uns wünschen
2. Wir wollen immer mehr
2. DOPPELSTUNDE: 3. Was uns wirklich fehlt
4. Worauf wir hoffen können

Absicht

Ausgehend von ihren eigenen Wünschen sollen die Konfirmandinnen und Konfirmanden fragen, welche Wünsche und Bedürfnisse Menschen in den reichen Industrienationen haben, und woher diese Ansprüche kommen. Es soll ihnen deutlich werden, daß durch unseren Lebensstil die Lebensrechte anderer Menschen beschnitten werden und daß auch dies ein Verstoß gegen das siebte Gebot sein kann. Sie sollen erkennen, daß für ein gelingendes Zusammenleben der Menschen die bloße Anhäufung materieller Güter nicht ausreicht, sondern ein sinnvoller Umgang mit ihnen gelernt werden muß. Dazu sind bestimmte menschliche Qualitäten notwendig.

Material

1. Doppelstunde:
- Für jedes Gruppenmitglied drei kleine Zettel (DIN A 6)
- Papier für eine Wandzeitung
- Stifte
- Papierstreifen mit der Aufschrift »Du sollst nicht stehlen«
- Der Video-Film »Diebstahl«(s.u.) oder die Bildfolge (Denk mal nach ..., S. 63)

2. Doppelstunde:
- Die chinesische Parabel (Denk mal nach ..., S. 56)
- Ein Wandplakat, auf dem der Umriß eines großen Hauses aufgezeichnet ist mit einer Reihe von leeren Räumen, die etwa der Anzahl der Gruppenmitglieder entsprechen
- Zeichenpapier
- Wachsmalstifte

Zeit

2 x 90 Minuten

Verlauf

1. DOPPELSTUNDE

1. Was wir uns wünschen

Der/die Unterrichtende führt in die Thematik ein:
- In manchen Märchen erscheint den Helden eine Fee oder ein Zauberer und gibt ihnen drei Wünsche frei.
- Stellt euch vor, euch erscheint so eine Fee. Was würdet ihr euch wünschen?

▼ Jedes Gruppenmitglied erhält drei Zettel und schreibt auf jeden Zettel einen Wunsch. Anschließend werden die Zettel eingesammelt und auf eine Wandzeitung geklebt. Dabei sollte bereits eine gewisse Einordnung der Wünsche vorgenommen werden, etwa unter dem Gesichtspunkt:
- Welche Wünsche passen zusammen? (materielle und nicht-materielle Wünsche)

Danach sollte eine Übertragung auf die Situation der Erwachsenen vorgenommen werden:
- Stellt euch vor, die Fee käme zu euren Eltern. Was würden sie sich eurer Meinung nach wünschen?
- Wieso kommen sie zu diesen Wünschen und Bedürfnissen?

Der/die Unterrichtende klebt über die Wandzeitung einen großen Papierstreifen mit der Aufschrift »Du sollst nicht stehlen« und gibt für die Diskussion folgenden Impuls:

> Die Menschen auf unserer Erde erfüllen sich viele ihrer Wünsche selber. Aber sie verstoßen dabei oft gegen dieses Gebot.

2. Wir wollen immer mehr

In unserer modernen Gesellschaft kann der Verstoß gegen das siebte Gebot viele Facetten haben. Um dies zu verdeutlichen werden, hier zwei alternative Wege vorgeschlagen:

VARIANTE A:

An dieser Stelle kann der vom Schulfernsehen Hessen für die Fächer Religion und Ethik angebotene Video-Film »Diebstahl« (30 Min.)[7] ein hilfreiches Medium sein. Der/die Unterrichtende führt den Film ein:
- Natürlich sind wir alle gegen das Stehlen. Aber es gibt auch Ungerechtigkeiten, die uns nicht so direkt auffallen, z.B. die übermäßige, unangemessene Bereicherung. Davon handelt der folgende Film. Er zeigt Menschen, denen jeder von uns täglich begegnen kann. Auf unterschiedliche Weise geraten sie alle in Konflikt mit dem Gebot »Du sollst nicht stehlen«.

▼

---

[7] Bezugsquelle: Schulfernsehen Hessen; Andreas Eitz, Manfred Pöpperl, Manfred Vogel: Die zehn Gebote, Hessisches Kultusministerium 1990, Referat IV A2, Luisenplatz 10, 65185 Wiesbaden.

VIDEO-FILM »DIEBSTAHL« (INHALT)

☞ **Die Vier-Mann-Band »Revolver«** hat in einem unbewohnten Altbau endlich ein Übungsdomizil gefunden. Aber um weiterhin erfolgreich zu sein, müssen auch die elektronischen Geräte auf den neusten Stand gebracht werden. Der Bandleader Marc bricht nachts in ein Geschäft ein und besorgt den für den neuen Sound nötigen Synthesizer.

Als die Band wieder einmal im Altbau spielt, bekommt sie überraschend Besuch von Opa und Oma Winter, die früher glücklich und zufrieden in diesem Haus gelebt haben. In der Neubausiedlung am Rande der Stadt fühlen sie sich nicht wohl, aber mit den jungen Musikern freunden sie sich schnell an. Diesen läßt das Schicksal der Winters keine Ruhe. Kurzentschlossen leihen sie sich einen Kleinlaster und bringen die beiden alten Leute samt ihrer Habe in die alte Wohnung zurück. Nun sind die beiden wieder »zu Hause«.

Als die Gruppe wegen Marcs Diebstahl in Bedrängnis gerät, will sich dieser damit rechtfertigen, daß er das Gerät später bezahlen wolle. Opa Winter will einen Teil der Kosten übernehmen.

Der Bauunternehmer und Immobilienhändler Carl Lärchner hat den Altbau gekauft und will ihn abreißen lassen, um auf dem Grundstück eine exklusive Altenwohnanlage zu bauen. Er verfügt in der Stadt über die nötigen Beziehungen, um an solche Objekte heranzukommen. Bei einer Party, die er gibt, um das Modell der neuen Wohnanlage vorzustellen, erfährt Lärchner, daß der Altbau besetzt ist. In den nächsten Tagen bekommt eine breite Öffentlichkeit durch die Zeitung Kenntnis von der Hausbesetzung.

Winters und die Musiker wissen, daß ihre Situation -trotz der Sympathie in der Bevölkerung- kein Dauerzustand sein wird. Da gelingt es Marc, mit seinem Computer in den Code von Lärchners Datenverarbeitungsanlage zu kommen. Er stellt fest, daß der Ehrenmann Lärchner mit dubiosen Mitteln und Tricks arbeitet.

▼ **Vorschläge zur Verwendung des Films im Unterricht:**
Man kann versuchen, das offene Ende des Films für den Unterricht zur Gestaltung eines Rollenspiels zu nutzen. Verschiedene Mitglieder der Gruppe übernehmen die Rolle des Bauunternehmers, des älteren Ehepaars, der Musiker, eines Rechtsanwalts etc.

Im Gespräch soll nun versucht werden, eine Lösung für
▼ den durch die Hausbesetzung entstandenen Konflikt zu

finden. Dabei sollen auch die zweifelhaften Geschäfte des Bauunternehmers zur Sprache kommen.
Die verschiedenen Facetten des Themas ›Diebstahl‹ können herausgearbeitet werden:
- Der Diebstahl des Bandleaders Marc ist offensichtlich. Sollte er das Geld von Opa Winter annehmen?
- Wie ist das Verhalten des Bauunternehmers zu beurteilen? Wie sollte die Öffentlichkeit darauf reagieren?
- Eine Wohnung in Lärchners exklusiver Altenwohnanlage wird für Opa und Oma Winter viel zu teuer sein. Ist ihre Hausbesetzung zu rechtfertigen?

VARIANTE B:

Sollte der Film nicht zur Verfügung stehen, könnte der/die Unterrichtende an die Bildfolge »Denk mal nach ...«, S. 63 anknüpfen. Auch hier geht es um die Problematik des Besitzens und Aneignens von Wohnraum im Rahmen der Hausbesetzer-Szene. Ist gewaltsames Eingreifen des Staates notwendig, oder lassen sich die Konflikte auch auf anderem Wege lösen?
Im Unterricht sollen zunächst Assoziationen zu den Bildern aus der Gruppe gesammelt werden:
- Der Sprayer aus der Hausbesetzer-Szene wird Gründe haben, die ihn dazu bewegen, solche Symbole für jeden sichtbar auf eine Mauer zu sprühen.
- Versucht Ereignisse zu beschreiben, die zu den Symbolen passen könnten.
- Ich möchte euch eine Geschichte erzählen, in der auch dieser Sprayer vorkommen könnte.
- Im Folgenden kann der/die Unterrichtende den Inhalt des Films als Erzählung darbieten. Der weitere Verlauf kann wie oben beschrieben geplant werden.

2. DOPPELSTUNDE

3. Was uns wirklich fehlt

Die chinesische Parabel (Denk mal nach ..., S. 56)[8] verdeutlicht, daß für ein gelingendes Zusammenleben unter den Menschen nicht allein steigender Wohlstand, sondern Gemeinschaftssinn und die Fähigkeit zu teilen wichtig sind.
Im Anschluß an die Lektüre des Textes sollte die Gruppe über folgende Fragen diskutieren:

- Versucht, den Satz »Das Fest hatte nicht stattgefunden« zu erklären.
- Die Gründe für das Mißlingen des Festes liegen in den Menschen selber.

Das Wandplakat mit dem Umriß des Hauses wird aufgehängt (Skizze):

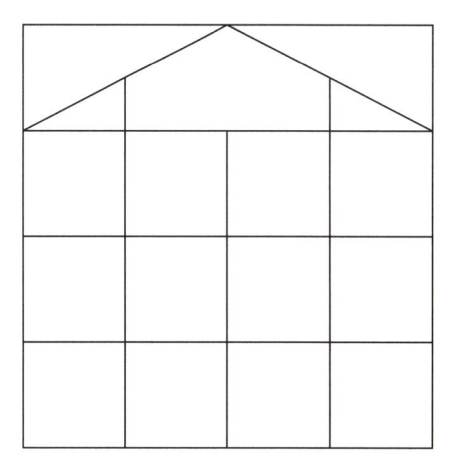

Jedes Gruppenmitglied erhält ein Blatt Zeichenpapier. Der/die Unterrichtende leitet die Aufforderung zum Zeichnen ein:
- Stellt euch vor, in diesem Haus lebten viele Menschen zusammen. Eines Tages wollen sie ein großes Hausfest feiern. Sie müssen sich untereinander darüber verständigen. Wer lädt wen ein?
- Wer bringt was zu diesem Fest mit? Wie verhalten sich die verschiedenen Bewohner während des Festes? Was geschieht wohl in den verschiedenen Räumen, wenn dieses Fest gelingt?
- Zeichnet eure Ideen auf. Jedes Zeichenpapier steht für einen Raum des Hauses.

Die fertigen Zeichnungen werden in die Umrisse der Räume eingeklebt und noch einige Zeichnungen zur Vervollkommnung des Gesamtbildes hinzugefügt (Skizze). Das Gesamtbild wird ausgewertet:
- Gibt es unterschiedliche Verhaltensweisen der älteren und jüngeren Hausbewohner? Kommen sie miteinander in Kontakt?
- Was haben die verschiedenen Hausbewohner zum Fest mitgebracht? Was hat das gesamte Fest wohl gekostet? Wer hat das meiste davon bezahlt. Wurden die Kosten gerecht aufgeteilt?
- Stellt euch vor, unsere Erde wäre wie dieses Haus. Was müßte geschehen, damit die Menschen auf ihr so glücklich zusammenleben könnten?
- Leider geht es auf der Welt nicht so zu wie in unserem Haus. Vielen Menschen in anderen Erdteilen fehlt das Notwendigste zum Leben. Könnt ihr diese Tatsache mit dem Gebot »Du sollst nicht stehlen« in Zusammenhang bringen?

---

8 Wer lieber mit biblischen Texten weiterarbeiten möchte, kann die zweite Doppelstunde etwa vom **Jesaja-Text und Micha-Text (Denk mal nach ..., S. 57)** aus gestalten: Vergleichbare Ungerechtigkeit aufgrund übermäßiger Bereicherung einzelner gab es bereits in biblischer Zeit. Dabei müßte die Tendenz zur Bereicherung bei manchen Bevölkerungsgruppen im damaligen Israel hervorgehoben werden. Eine Erzählvorlage zu Jesaja 5,8-10 findet sich z.B. bei **Walter Neidhart.(Neidhart, Walter: Jesaja deckt Unrecht auf, in: Neidhart, Walter; Eggenberger, Hans (Hg.), Erzählbuch zur Bibel, Band 1,** Zürich u.a., 2. Aufl. 1976, S. 185-187). Nach der Erzählung werden die beiden Einzelworte noch einmal gelesen:
  - Welche Haltung kritisieren die beiden Propheten?
  - Wie kommen Menschen zu einer solchen Einstellung?
  - Die beiden Propheten drohen mit ihren Weherufen. Haben die Reichen etwas Schlimmeres zu erwarten?
  - Könnten diese Weherufe auch uns heute noch treffen?

▼ ■ Die reichen Länder Europas leben im Überfluß. Sie haben zu viel, und trotzdem fehlt ihnen etwas Entscheidendes.

4. Worauf wir hoffen können

Als letzter Schritt soll um das gezeichnete Haus herum nach Motiven aus Jesaja 11,1-10 ein Garten erstellt werden, der den Aspekt der Hoffnung bildlich erschließt (Skizze).
Der Text Jesaja 11,1-10 wird in der Konfirmandengruppe gelesen. Nach der ersten Lektüre müssen einige Verständnisfragen geklärt werden. So muß der/die Unterrichtende selbst die Verbindung zwischen der israelitischen Königstradition und dem Sproß aus dem Stamm Isai erklären. (Ein Retter wird als Nachkomme des Königs David erwartet). Außerdem muß mit dem Einwand der Jugendlichen gerechnet werden, daß diese Vision biologisch gar nicht möglich sei (Raubtiere vertragen keine pflanzliche Nahrung). Es ist also darauf hinzuweisen, daß es hier nicht um naturwissenschaftliche Kenntnisse und Einsichten geht, sondern um Bilder für die Hoffnung der Gläubigen.

Nach dieser sachlichen Klärung wird der Text in einzelne Sinnabschnitte eingeteilt, die jeweils einer Kleingruppe zugeordnet werden. Jede Gruppe erhält ein Zeichenpapier (DIN A3) und Wachsmalkreide. Danach ergeht folgender Arbeitsauftrag:
■ Stellt euch vor, zu unserem Haus gehört ein großer Garten. Alles, was im Jesaja-Text steht, ist in diesem Garten möglich, und noch vieles mehr in dieser Richtung.
■ Schreibt euren Text gut sichtbar in die Mitte des Zeichenpapiers.
■ Malt auf das Blatt um den Text herum ein Gartenbild, das zu ihm paßt. Zum Schluß soll aus allen Bildern ein großer Garten zusammengesetzt werden.

Die fertigen Bilder werden im Raum um die Wandzeitung mit dem Haus herum aufgehängt, und zwar so, daß die Reihenfolge des Textes beachtet wird und zugleich der Eindruck eines Gartens entsteht.
▼

▼
Durch das Anfertigen der Zeichnungen hat sich die Gruppe dem Jesaja-Text bereits durch einen bildlichen Zugang genähert. Nun kann die Texterschließung und eine Übertragung auf unsere Situation erfolgen:
■ Der Friede, den der Retter bringen wird, kommt bestimmten Gruppen im Volk besonders zugute. (Er nimmt sich der Geringen an und führt gerechte Lebensverhältnisse herbei.)
■ Der allumfassende Friede wird als Wiederkehr des Paradieses vorgestellt. Es herrscht absoluter Friede zwischen den Tieren (vgl. 1.Mose 1,30), Friede zwischen Mensch und Tier (1.Mose 3,15, die tödliche Feindschaft der Schlange hört auf), vor allem aber zwischen Mensch und Gott (Vers 9: Das Land ist so voll von Gottesgemeinschaft wie das Meer voller Wasser).
■ Solche Bilder ermutigen die Menschen, schon jetzt Schritte auf dem Weg zu einem Frieden zu gehen, der Gerechtigkeit für alle bedeutet. Sie wollen auch uns ermutigen.

MIT JUGENDLICHEN

Der Text von Liv Ullmann[9] könnte für eine Gruppe Jugendlicher Anlaß sein, sich mit der Biographie dieser Frau zu beschäftigen und mit den Hintergründen ihrer Entscheidung, sich für Flüchtlingskinder in aller Welt einzusetzen.

Liv Ullmann hatte alles erreicht, wovon junge Frauen wohl bis heute hin und wieder träumen: ein großer Star sein, Ruhm, Reichtum, Reisen, Erfolg haben, beliebt sein. Für die eigene Lebensauffassung könnte aber auch die Beschäftigung mit ihrer Suche nach einer neuen Lebensdimension anregend sein.

---

9 **Denk mal nach ...**, S. 70.

DIE SONDERBOTSCHAFTERIN DER UNICEF

☞ **Seit 1980 ist Liv Ullmann** Sonderbotschafterin des Kinderhilfswerks der Vereinten Nationen, UNICEF. Rein äußerlich betrachtet, ergab sich der Schritt zu dieser Aufgabe nicht selbstverständlich aus ihrem Lebensweg, denn Liv Ullmann befand sich zu diesem Zeitpunkt auf der Höhe ihres Ruhms als Schauspielerin. In ihren biographischen Aufzeichnungen aber beschreibt sie die Innenseite ihres Lebens, eine Reihe von krisenhaften Erfahrungen, die sie zur Neuorientierung veranlaßten. Traditionelle Vorstellungen von der Rolle der Frau verursachten bei ihr wegen ihrer Berufstätigkeit permanent ein schlechtes Gewissen. Sie erkannte, daß sie sich weniger nach den Vorstellungen anderer richten, sondern selbstbestimmt leben wollte. Schließlich suchte sie nach einer neuen Dimension für ihr Leben insgesamt:

»**Ich traue diesem Leben** nicht ganz; es kann mich in die Gefahr bringen, meine Seele gegen Ruhm und Ehre einzutauschen. ...

Mein Verlangen, den Schauspielberuf eine Zeitlang aufzugeben und mein Leben zu ändern, ist stärker als je zuvor. Zum Bühneneingang hinausgehen und schon unterwegs sein. Um die Ecke biegen, ohne zu wissen, wohin der Weg führt.

Zu oft erscheint mir neuerdings das, was ich im Theater und in Filmstudios mache, als Schwindel. Es kostet mich Anstrengung, meine Füße von einer Seite der Bühne zur anderen zu bewegen.

Vielleicht gehört diese Infragestellung zur Lebensmitte. Vielleicht ist es nur ein Sichbewußtwerden, daß man zu wählen hat.

Alles, was ich in letzter Zeit erlebe, bewegt mich viel tiefer, und mein Verstehen ist nicht mehr auf seine früheren Grenzen beschränkt. Ich weiß weniger als zuvor, doch nur, weil ich rings um mich her von lauter Fragen und Alternativen bedrängt werde.

Ich möchte nicht am Ende einst gefragt werden, was ich aus meinem Leben gemacht habe, und die Antwort geben müssen: ›Ich war Schauspielerin‹.

Ich möchte gern sagen können: ›Ich habe geliebt und ich habe gesucht. Ich habe Freude gekannt, manchmal, aber auch Schmerz. Und ich würde alles noch einmal so haben wollen‹.«[10]

---
10 Zit. Schupp, Renate: Liv Ullmann, Aufstehen und hinausgehen, in: Steinwede, Dietrich; Schupp, Renate (Hg.): Unbeirrbar, Lebensbilder von Frauen und Männern des 20. Jahrhunderts, Lahr/Kevelaer 1991, S. 170, 174. Eine Auseinandersetzung mit den Erfahrungen Liv Ullmanns ermöglichen über den o.g. Sammelband hinaus ihre beiden Bücher: Wandlungen, Bern/München 1976 und Gezeiten, München 1985.

Sie findet eine neue Lebensdimension dadurch, daß sie Kinder in Flüchtlingslagern in aller Welt besucht und ihre Verbindungen nutzt, um die Weltöffentlichkeit auf die Lage dieser Kinder aufmerksam zu machen. Dies geschieht u.a. durch sehr persönliche Erfahrungsberichte, die verhindern können, daß wir uns vorschnell durch sachliche Analysen vom Elend distanzieren.

Der Text von Liv Ullmann wird gelesen und diskutiert:
- Was haltet ihr von dem Satz »... er wurde geopfert, weil wir kein Mitleid hatten.«?
- Liv Ullmann schreibt am Schluß ihrer Geschichte: »Ich möchte mein Leben einem Kind widmen, mit dem ich nie gesprochen habe, einem Kind in der Wüste Afrikas, das sicher nicht mehr am Leben ist.«
- Haltet ihr diese Reaktion für sinnvoll oder für übertrieben?

Ähnlich wie bei der Schauspielerin Liv Ullmann besteht bei vielen Menschen in den reichen Industrienationen durchaus die Bereitschaft, den Armen zu helfen. Aber diese Hilfe kann konkret verschiedene Gestalt annehmen. Nicht selten ist sie geleitet von guten Absichten, die aber die Ursachen der Ungerechtigkeit nicht beheben. Welche Hilfe ich konkret leiste, hat ganz unterschiedliche Auswirkungen auf die Situation des Notleidenden. Es ist nicht einfach, die richtige Lösung zu finden. Das gilt auch für das Verhältnis zwischen armen und reichen Ländern.

MIT JUNGEN ERWACHSENEN

In einer Gruppe junger Erwachsener könnte mit Hilfe des Bildes von G. D. Eksioglu[11] das Wissen um die ungerechten Weltverhältnisse ins Bewußtsein gehoben werden. Danach könnte der Film »Der Marsch« gezeigt werden. Er stellt dar, wie Menschen aus Afrika nach einem beschwerlichen Fußmarsch in die reichen Länder Europas einzuwandern versuchen. Auf diese spektakuläre Aktion reagieren die europäischen Politiker äußerst beunruhigt und schotten zuletzt ihren Kontinent wie eine Festung gegen den Ansturm der Armen ab. Müssen die reichen Länder befürchten, daß sich die benachteiligten Bevölkerungsgruppen der Erde eines Tages gewaltsam das nehmen werden, was wir ihnen lange vorenthielten, ungeachtet des Gebots »Du sollst nicht stehlen«? Dieser Film könnte als Aktualisierung des Müntzer-Zitats (Denk mal nach ..., S. 57) interpretiert werden. Auch Müntzer hat für seine Zeit verdeutlicht, daß die Gebotsübertretung der Armen nicht allein individuell zugerechnet werden darf, sondern strukturell-gesellschaftiche Ursachen hat.

---
11 **Denk mal nach ...,** S. 54-55.

Sollte der Film nicht greifbar sein, kann auch das Problem der ausländischen Einwanderer in die Staaten der Europäischen Union aufgegriffen werden.

MIT EINEM PRESBYTERIUM

Für das Presbyterium einer Kirchengemeinde könnte es interessant sein, einmal inhaltlich über das gemeindliche Engagement für weltweite Gerechtigkeit nachzudenken. Ein solcher thematischer Abend könnte mit einer Auslegung von Matthäus 25,35-40 eröffnet werden. Jesus versichert seinen Jüngern in diesem Text, daß sie ihn dort finden werden, wo sie sich der Geringen und Bedürftigen annehmen. Vom christlichen Glauben her ist mit dem Engagement für Gerechtigkeit also nicht nur eine Forderung, sondern auch die Verheißung der Christuserfahrung verbunden. Die rabbinische Geschichte »Denk mal nach ...«, S.139 weist uns allerdings darauf hin, daß diese Erfahrung die Fähigkeit voraussetzt, sich tief bücken zu können, also dem schwächeren Partner entgegenzukommen. Wie könnte solches Engagement für das Presbyterium einer Kirchengemeinde in der reichen Bundesrepublik Deutschland aussehen? Verschiedene praktische Vorschläge ließen sich zur Diskussion stellen:

- Das Presbyterium könnte aus seinen Rücklagen oder Zinserlösen Anteile bei der Ökumenischen Entwicklungsgenossenschaft (Ecumenical Development Cooperative Society, EDCS) erwerben.
- Das Presbyterium könnte sich entschließen, einen Eine-Welt-Laden in der Gemeinde einzurichten, um Produkte von Partnern aus Übersee zu gerechten Preisen zu verkaufen und gleichzeitig Bewußtseinsbildung bei uns zu betreiben.

Dazu müßten Kontakte zur GEPA (Gesellschaft zur Förderung der Partnerschaft mit der Dritten Welt mbH, Talstr. 20, D-58332 Schwelm) geknüpft werden. Ist ein geeigneter Raum im Gemeindezentrum vorhanden, oder muß ein Ladenlokal angemietet werden? Wäre letzteres -obwohl teuer- für den Erfolg des Unternehmens nicht günstiger, weil ein breites Publikum angesprochen wird? Welche Gemeindeglieder betreiben den Laden?

DIE ÖKUMENISCHE ENTWICKLUNGSGENOSSENSCHAFT (EDCS)

☞ »Die Ökumenische Entwicklungsgenossenschaft (Ecumenical Development Cooperative Society, EDCS) ... ist eine kirchliche Bank und vergibt Kredite an Genossenschaften vor allem in Dritte-Welt-Ländern. Die Entwicklungsgenossenschaft will Entwicklung als Befreiung ermöglichen und den Drittweltländern zu wirtschaftlichem Wachstum, sozialer Gerechtigkeit und Eigenständigkeit verhelfen. In Deutschland gibt es etwa 4000 Anteilseigner, darunter zehn evangelische Landeskirchen und einige hundert Kirchengemeinden. Bis Ende 1990 haben deutsche Förderer, Kirchen und Organisationen Anteile in Höhe von mehr als 25 Millionen Mark erworben. Gegründet wurde die EDCS 1975 auf Beschluß des Zentralausschusses des Ökumenischen Rates der Kirchen (ÖRK). 1978 nahm die EDCS ihre Arbeit auf mit einem Anfangskapital von einer Million Mark. Bis Ende 1990 vergab die Ökumenische Entwicklungsgenossenschaft 28,2 Millionen US-Dollar an Genossenschaften und verfügte über 42,1 Millionen US-Dollar. Im Rechnungsjahr 1990 vergab EDCS Kredite in Höhe von 7,7 Millionen US-Dollar und erwarb allein von europäischen Förderern Anteile in Höhe von 4,6 Millionen US-Dollar. Das Hauptbüro der EDCS hat seinen Sitz in den Niederlanden (P. C. Hooftlaan 3, NL-3818 HG Amersfoort). Der Vorstand besteht aus 17 Personen, von denen neun aus Drittweltländern stammen.«[12]

In früheren Zeiten wurde gegen die EDCS eingewandt, die Anlage dort sei nicht mündelsicher, eine Auflage für die Kirchen in der Bundesrepublik bei der Investition der ihnen anvertrauten Gelder. Inzwischen aber haben die Partner von der EDCS so gut gewirtschaftet, daß die Anteile jederzeit wieder flüssig gemacht werden können.

---

12 Zit. Gebert, Werner, Getaufter Kapitalismus, Das eindeutigere Zeugnis im Finanzbereich?, in: Ev. Kommentare, 25. Jg., Heft 6/1992, S. 343.

Das achte Gebot

Das zweite Gesicht

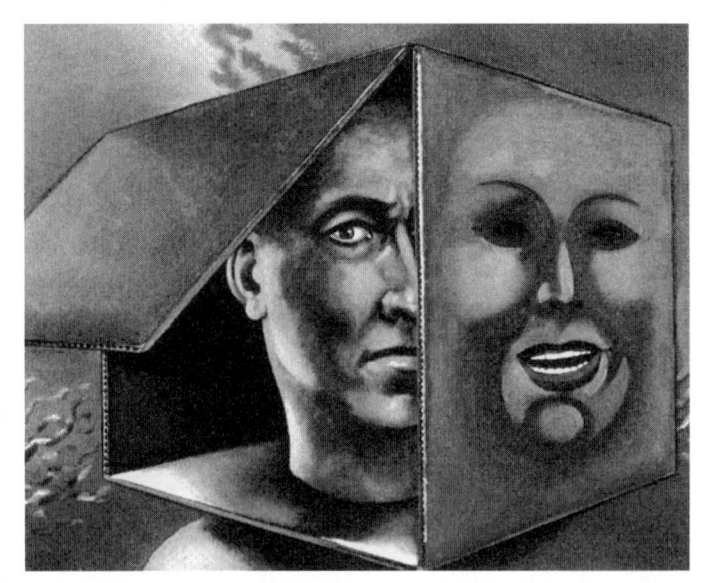

Wolfgang Mattheuer, Das zweite Gesicht
© VG Bild-Kunst, Bonn 1997, © der Vorlage AKG, Berlin

Dem Glauben der Bibel zufolge ist Gottes Wort wahr und deshalb verläßlich (Ps 119.160; 2 Sam 7,28). Gott führt die Menschen nicht in die Täuschung, und daher gilt das Gebot, daß auch im Zusammenleben der Menschen die Wahrheit herrschen soll. Weil Gott ein zuverlässiger Gott ist, können auch die Menschen, die sich an ihn halten, zueinander treu und beständig sein. »Du sollst nicht falsch Zeugnis reden«, dieses achte Gebot wandte sich wohl ursprünglich gegen die lügnerische Zeugenaussage in der Gerichtsverhandlung.[1] Durch den Zusatz »wider deinen Nächsten« wird es aber über den juristischen Bereich hinaus ausgeweitet auf alle Menschen, mit denen ich durch meine Lebensumstände verbunden bin. Um mit meinen Mitmenschen vetrauensvoll zusammenleben zu können, darf ich sie nicht täuschen oder ihren guten Ruf schädigen und muß davon ausgehen können, daß auch ich nicht belogen und getäuscht werde. Das Gebot zielt also auf die Wahrung eines Vertrauensbereichs und die Achtung der Würde des Menschen, wie sie für menschliche Gemeinschaft notwendig sind. Die Gemeinschaft der Menschen untereinander und die Integrität des persönlichen Lebens sollen geschützt werden.

Im Alltag allerdings erfahren wir häufig genug, daß Menschen einander nicht wahrhaftig gegenübertreten. Eine besonders verbreitete Art der Unwahrheit ist die grenzenlose Übertreibung, mit der ich vor allem mich selbst darstellen und aufwerten will. Meist bin ich mir dabei gar nicht bewußt, daß ich »falsch Zeugnis rede wider meinen Nächsten«. Falsch Zeugnis reden heißt auch, sich anders geben, als man ist, und anders denken, als man redet.

Jesus sieht die Menschen mit den Augen der Liebe an und stellt das Gebot der Gottes- und Nächstenliebe über alle Gebote. Dies relativiert auch das achte Gebot. Gefordert wird kein Wahrheitsfanatismus ohne Rücksicht auf menschliche Schwächen. Die wahrheitsgemäße Rede muß vielmehr der Wirklichkeit der jeweils angeredeten Menschen gerecht werden. Eine Wahrheit, die so gesagt wird, daß sie gegen die Liebe verstößt, wird den Menschen nicht gerecht. Deshalb fordert Luther in seiner Auslegung des achten Gebots sogar, den Nächsten zu entschuldigen und alles zum Besten zu kehren.[2] Andererseits hat er in seinem Großen Katechismus auf die Notwendigkeit wahrhaftiger Rede in der Öffentlichkeit verwiesen: Bürgermeister, Fürsten, Prediger u.a. sollten den Mut aufbringen, das Recht zu verteidigen und die Wahrheit nicht zu verdrehen und zu verschweigen.[3] Damals wie heute können sich Politiker nicht von der Verpflichtung zur Wahrhaftigkeit dispensieren. Stärker noch als die Flugschriften der Reformationszeit bestimmen heute Medien wie Zeitung, Rundfunk und Fernsehen die Meinung eines Volkes. Wer hier durch Verkürzung oder Fehlmeldung die Öffentlichkeit täuscht, verstößt gegen das achte Gebot. Die Forderung nach Aufrichtigkeit und Vertrauenswürdigkeit betrifft auch das öffentliche Leben.

---

1 **Vgl. Noth** 1988, S. 133.
2 **Denk mal nach ...**, S. 15.
3 **Vgl. Eitz u.a.** 1990, S. 139.

68 | Das achte Gebot | Das zweite Gesicht

MIT KONFIRMANDINNEN UND KONFIRMANDEN

■ Überblick über die Arbeitsschritte
1. DOPPELSTUNDE: 1. Ein Mensch sieht, was vor Augen ist
2. Wer sagt schon immer die Wahrheit
2. DOPPELSTUNDE: 3. Das unwahre und das wahre Gesicht
4. Gott aber sieht das Herz an

Absicht
Die Konfirmandinnen und Konfirmanden sollen erkennen, daß Unwahrhaftigkeiten bereits bei unseren kleinen Alltagsgewohnheiten beginnen. Sie sollen erfahren, daß das achte Gebot uns zu einem ehrlichen und vertrauensvollen Umgang miteinander verhelfen will.

Material
- Arbeitsbögen **M 1-4**
- Papier für eine Wandzeitung
- Stifte
- Klebeband
- Bibeln
- Ein möglichst großer, würfelförmiger Pappkarton mit unbeschrifteten Flächen; denkbar ist auch ein Umzugskarton, dessen Schrift überklebt wurde
- Plakat: Wolfgang Mattheuer, Das zweite Gesicht, 1970, **M 6**
- So viele Exemplare von »Denk mal nach...mit Luther« wie Mitglieder in der Gruppe sind

Zeit
2 x 90 Minuten

Verlauf

1. DOPPELSTUNDE

1. Ein Mensch sieht, was vor Augen ist
Die Geschichte von der Verleugnung des Petrus (Denk mal nach ..., S. 60) wird im Plenum gelesen und diskutiert:
- Beschreibt das Verhalten des Petrus in dieser Szene.
- Wenn ihr Eigenschaften nennen solltet, die zu Petrus in dieser Situation passen, was fällt euch ein?

Der/die Unterrichtende stellt den Pappkarton in die Mitte des Raumes.
- Notiert bitte alle Stichworte, die ihr zu Petrus genannt habt, auf die Außenflächen des Kastens.

2. Wer sagt schon immer die Wahrheit
Der/die Unterrichtende führt das Gespräch mit folgender Bemerkung weiter:
- Daß man nicht lügen sollte, leuchtet wahrscheinlich jedem von uns ein. Trotzdem tun sich Menschen im Alltag mit der Wahrheit oft schwer.

▼ Die Geschichte »Das Telefon klingelt!« (Denk mal nach ..., S. 60) wird vorgelesen. Nach dem Lesen sollte Raum für erste Reaktionen aus der Gruppe bleiben:
- Wie beurteilt ihr Martins Verhalten? Notiert die entsprechenden Stichworte ebenfalls auf den Außenflächen des Kastens.
- Martin weiß selber, daß er seine Großeltern belogen hat. Warum fällt es ihm so schwer, ihnen die Wahrheit zu sagen?
- Wenn Martin sich so verhält wie immer, läßt sich der Verlauf des Wochenendes bei den Großeltern leicht vorausahnen.

Die Konfirmandinnen und Konfirmanden werden in Kleingruppen zu je vier Personen eingeteilt und sollen sich andere Lösungen für die Situation überlegen (z.B.: Martin sagt, daß er am Wochenende nicht kommen möchte; während Martins Aufenthalt bei den Großeltern kommt es zum Krach, zum Gespräch über ihre Beziehung). Die gefundenen Lösungen werden jeweils von der Kleingruppe im Plenum vorgespielt. Nachdem alle Gruppen ihre Lösung präsentiert haben, werden folgende Gesichtspunkte bedacht:
- Wie habt ihr euch in eurer jeweiligen Rolle gefühlt?
- Ist die Lösung der jeweiligen Gruppe wahrscheinlich, oder ist sie eher unwahrscheinlich? Ist sie wünschenswert oder weniger wünschenswert?

Das Fallbeispiel kann zeigen, daß die Frage nach Wahrheit und Lüge nicht abstrakt ist, sondern erst in konkreten Konfliktsituationen zum Problem wird. Als Weiterführung dieser Einsicht können abschließend die beiden Fragebögen »Ansichten über die Wahrheit« (**M 1** und **M 2**)[4] beantwortet werden. Dabei wird zunächst Arbeitsblatt I von jedem Jugendlichen allein bearbeitet. Ein auswertendes Gespräch findet im Plenum statt. Erst danach wird Arbeitsblatt II in der gleichen Weise behandelt. Wie verletzend es auch noch in Ausnahmesituationen sein kann, von anderen belogen zu werden, spüre ich wohl erst, wenn ich es am eigenen Leibe erfahre.

2. DOPPELSTUNDE

1. Das unwahre und das wahre Gesicht
Das Bild von Wolfgang Mattheuer zeigt neben der Außen- auch die Innenseite eines Menschen.
Der/die Unterrichtende leitet die Betrachtung des Bildes ein:
- Wir haben bereits zweimal die Außenflächen eines Kastens beschriftet. Vielleicht habt ihr euch darüber gewundert. Ich habe dazu ein Plakat mitgebracht.

---
4 Entnommen aus **Eitz u.a.** 1990, S. 141.

WOLFGANG MATTHEUER, DAS ZWEITE GESICHT, 1970

☞ »**Das zweite Gesicht**« gehört in eine Werkreihe der 70er Jahre, in der sich Wolfgang Mattheuer mit dem Thema »Masken und Maskierung« beschäftigte, oft verbunden mit dem Motiv des Kastens. Dessen Seiten werden dazu genutzt, verschiedene Ansichten bzw. Gesichter ein und derselben Person vorzuführen.

Im Zentrum des Bildes befindet sich ein über Eck gestellter, quadratischer Pappkasten, der vor einem unendlichen Raum scheinbar hilflos auf den Wellen treibt. Von der Außenseite lächelt uns vergnügt ein rundliches, etwas grob geschnittenes Gesicht entgegen. Die mandelförmigen Augen zeigen seitlich Lachfältchen, und die rot geschminkten, zu einem Lachen geöffneten Lippen haben die Gesichtszüge bis zu den Wangen zu einem Freude ausstrahlenden Antlitz werden lassen. Das gesamte Gesicht ist in sanft abgestuften Gelb- und Brauntönen gehalten, die ihm eine angenehme Wärme geben. Und trotzdem wird man bei genauerem Hinsehen stutzig: Wieso bleiben die Konturen des Gesichtes so schemenhaft? Wieso erscheinen in den Augenhöhlen nur dunkle Flächen? Wieso stehen die Gesundheit und Lebendigkeit versprechenden, blendendweißen Zähne und roten Lippen in einem so harten Kontrast zu dem dunklen Inneren des Mundes? Erscheinen nicht alle Züge maskenhaft erstarrt, in eine Form gepreßt, stilisiert? Wem gehört diese Maske, diese Tarnkappe, hinter der sich Scheinheiligkeit, Heuchelei und Feigheit, aber auch Verunsicherung, Gewissenskrisen und innere Leere verbergen können?

In der Zusammenfügung des menschlichen Kopfes und der Würfelform steht Mattheuer in einer Tradition, die sich bis zu Dürers Proportionsstudien zurückverfolgen läßt. Die Reduzierung auf eine Norm, den Kasten, beinhaltet aber auch gleichzeitig den Verlust von Menschlichkeit und Individualität. So zeigt sich hier auch nicht nur der Maler in einem Selbstproträt mit einem zweiten Gesicht, das auf eine problematische Beziehung zum eigenen Ich, aber auch zur Umwelt hindeutet, sondern jeder von uns könnte in diesem Kasten stecken, in ihm gefangen sein und der eigenen Umgebung mit unterschiedlichen Masken entgegentreten.

Um dem Träger dieses zweiten Gesichts auf die Spur zu kommen, öffnet Mattheuer uns den Kasten an einer zweiten Seite. Etwas verunsichert schaut ein männliches Gesicht heraus, das in grauen, Tristesse und im wahrsten Sinne des Wortes Farblosigkeit ausdrückenden Farbtönen gehalten ist. Doch scheint es für den Menschen in dem selbstgezimmerten Gefängnis noch nicht zu spät. Im Gegensatz zu dem Gesicht auf der Außenseite scheint das innere individuelle Züge zu besitzen. Es ist nicht stilisiert und in eine Form gepreßt; es vermittelt trotz der Zurückgezogenheit und der zwischen uns stehenden Distanz Kraft und einen eigenen Willen. Bezeichnenderweise versieht Mattheuer die hochgezogene Seite des Kastens mit einem Farbton, der schon seit Jahrhunderten innerhalb der Kunst mit der Hoffnung in Verbindung gebracht wird: Grün – die Farbe des Frühlings und damit des Neubeginns, des Lebens. Der Kasten ist geöffnet, der Blick auf die eigene Person und die sie umgebende Umwelt ist freigegeben.

Mattheuer wurde als Moralist im gesellschaftlichen Leben der DDR bezeichnet, der sich selbst und sein Auftreten in Frage stellt und den Betrachter zum Nachdenken über die eigene Person und über gesellschaftliche Zusammenhänge auffordert. Damit äußert er ein Anliegen, das wegen seines hohen Verallgemeinerungsgrades im positiven Sinn weltweit Gültigkeit erlangt.

Zum Maler:
- 1927 wird Wolfgang Mattheuer als Sohn eines Arbeiterehepaares im vogtländischen Reichenbach geboren
- 1941-1951 absolviert er, unterbrochen durch die Kriegsgefangenschaft, ein Studium an der Kunstgewerbeschule und der Hochschule für Graphik und Buchkunst in Leipzig; diplomierter Graphiker
- seit 1953 freischaffend und bis 1974 als Assistent und später als Professor an der Leipziger Hochschule für Graphik und Buchkunst lehrend tätig
- 1958 verschreibt er sich endgültig der Malerei
- 70er Jahre: Reisen und Ausstellungen im Westen
- 1983 Wahl zum Mitglied des Zentralverbandes der Bildenden Künstler der DDR
- lebt in Leipzig

Uschi Baetz

Methodische Zugänge:

Das Plakat hängt für alle gut sichtbar an der Wand.

1. MÖGLICHKEIT

Die Gruppe sieht sich das Bild an, und jede/r einzelne vollendet folgende Sätze schriftlich:
- Ich sehe ...
- Ich frage ...
- Ich vermute ...
- Ich hoffe ...

Die Aussagen werden im Plenum vorgestellt: Worin unterscheiden sich unsere Eindrücke von dem Bild? Worin bestehen Gemeinsamkeiten?
- Das Bild hat den Titel »Das zweite Gesicht«. Welches haltet ihr für das erste und welches für das zweite Gesicht? Begründet eure Meinung.

Jedes Gruppenmitglied schneidet aus dem Arbeitsblatt die Denkblase (M 3) aus.
- Legt die Denkblase an den Kopf in dem Kasten in eurem Buch. Schreibt hinein, was der Mensch denken könnte.

Die einzelnen Denkblasen werden vorgelesen. Anschließend wird der Kasten geöffnet, und die Denkblasen werden auf die Innenflächen geklebt.

Es werden Kleingruppen gebildet, die folgende Aufgabe erhalten:
- Formuliert ein Gebet, das der Mensch auf dem Bild sprechen könnte. Es kann eine Klage über seinen Zustand sein oder eine Bitte um Erlösung.

Die Gebete werden von der/dem Unterrichtenden auf einer Wandzeitung festgehalten und neben das Plakat gehängt.

2. MÖGLICHKEIT:

Das Bild wird in der Gruppe in Ruhe betrachtet und kommentiert. Danach erhält jedes Gruppenmitglied das Arbeitsblatt mit dem Umriß (M 4). In Partnerarbeit soll folgende Aufgabe erfüllt werden:
- Überlegt euch eine fiktive Lebensgeschichte, die zu dem Menschen auf dem Bild passen könnte. Schreibt sie in den Umriß. Es genügen schon kurze Sätze oder Stichworte, die an markanten Stellen in das Bild eingetragen werden.

Mit Hilfe der verschiedenen Lebensgeschichten entdecken wir unterschiedliche Interpretationen des Bildes, die im Gespräch ausgetauscht werden.

Wieder werden Stichworte für die Außen- und Innenseite entsprechend auf dem Kasten festgehalten.

▼ 2. Gott aber sieht das Herz an

Der/die Unterrichtende erinnert an die Geschichte von der Verleugnung des Petrus:
- Warum ist Petrus so verzweifelt?
- Stellt euch vor, er hätte noch einmal die Möglichkeit, mit Jesus zu sprechen. Was könnte er ihm sagen? Wie wird Jesus reagieren?

Auch diese Situation kann im Rollenspiel nachempfunden werden. In der Vorbereitung wären allerdings die Bibelstellen Mt 16,13-18 und Joh 21,15-19 einzubeziehen. Hier wird deutlich, daß Jesus kein Wahrheitsfanatiker war und nicht mit Übermenschen seine Sache fortführen will. Er rechnet mit der Schwäche des Petrus und gibt ihm trotzdem die Chance, in seiner Nachfolge sinnvoll weiterzuleben.

Als zusammenfassender, stummer Impuls schreibt der/die Unterrichtende auf die Außenflächen des Kastens »Ein Mensch sieht, was vor Augen ist« und auf die Innenflächen »Gott aber sieht das Herz an« (1 Sam 16,7). Zunächst werden Reaktionen aus der Gruppe abgewartet. Danach kann ein Abschlußgespräch eingeleitet werden:
- Ich meine, wir haben durch das Bild und durch die Geschichten etwas über den Blick der Menschen und über den Blick Gottes erfahren.
- Haltet ihr es für möglich, Menschen mit den Augen Gottes zu sehen?

MIT JUNGEN ERWACHSENEN

Für junge Erwachsene könnte die Geschichte von Thaddäus Troll »Tobias und die Lügner«[5] (M 5) anregend sein, um nach Verstößen gegen das achte Gebot im öffentlichen Leben zu fragen:
- Angesichts moderner Kommunikationsmittel gewinnt das achte Gebot an Aktualität: Nicht nur die bewußte Falschmeldung, schon eine Auslassung, eine Verkürzung, eine einseitige Berichterstattung verfälschen die Wirklichkeit und schädigen u.U. den guten Ruf eines Menschen.
- Wenn in einer Demokratie die Bürger selbst und nicht andere Interessen über die öffentlichen Angelegenheiten entscheiden sollen, können sich die Politiker nicht vom Anspruch der Wahrhaftigkeit dispensieren.

Wo sind Bürger getäuscht worden, wenn es um sog. »Restrisiken« wissenschaftlich technischer Entwicklungen ging?
- Wer sich nur einseitig informiert und dann eine starke Meinung bildet, belügt sich selbst.

---

5 Aus: **Eitz u.a.** 1990, S. 143.

ARBEITSBLATT 1

Ansichten über die Wahrheit:

Unterstreiche bei jedem Satz das Wort,
das deiner eigenen Meinung am nächsten kommt.

1. Eine Lüge ist dann gerechtfertigt, wenn man mit ihr verhindern kann, daß Gefühle eines Anderen verletzt werden.
   immer   oft   manchmal   nie

2. Eine Lüge ist dann gerechtfertigt, wenn sie denjenigen, den man belügt, vor Schaden bewahrt.
   immer   oft   manchmal   nie

3. Eine Lüge ist dann gerechtfertigt, wenn sie niemandem schadet.
   immer   oft   manchmal   nie

4. Eine Lüge ist dann gerechtfertigt, wenn man mit ihr einen Freund schützen will.
   immer   oft   manchmal   nie

aus: Andreas Eitz; Manfred Pöpperl; Manfred Vogel; Die zehn Gebote, Begleitmaterialien zur Sendereihe des Hessischen Rundfunks, (aus der Sendung ›Religion – Ethik‹), Wiesbaden 1990, S. 141

ARBEITSBLATT II

Ansichten über die Wahrheit:

Unterstreiche bei jedem Satz das Wort, das deiner eigenen Meinung am nächsten kommt.

1. Ich finde es gerechtfertigt, wenn mich jemand belügt, um meine Gefühle zu schonen
   immer   oft   manchmal   nie

2. Ich finde es richtig, wenn mich jemand belügt, um mich damit vor Schaden zu bewahren.
   immer   oft   manchmal   nie

3. Ich finde es richtig, wenn mich jemand belügt, sofern diese Lüge niemandem weh tut.
   immer   oft   manchmal   nie

4. Ich finde es richtig, wenn mich jemand belügt, um mich zu schützen.
   immer   oft   manchmal   nie

aus: Ebd.

M3

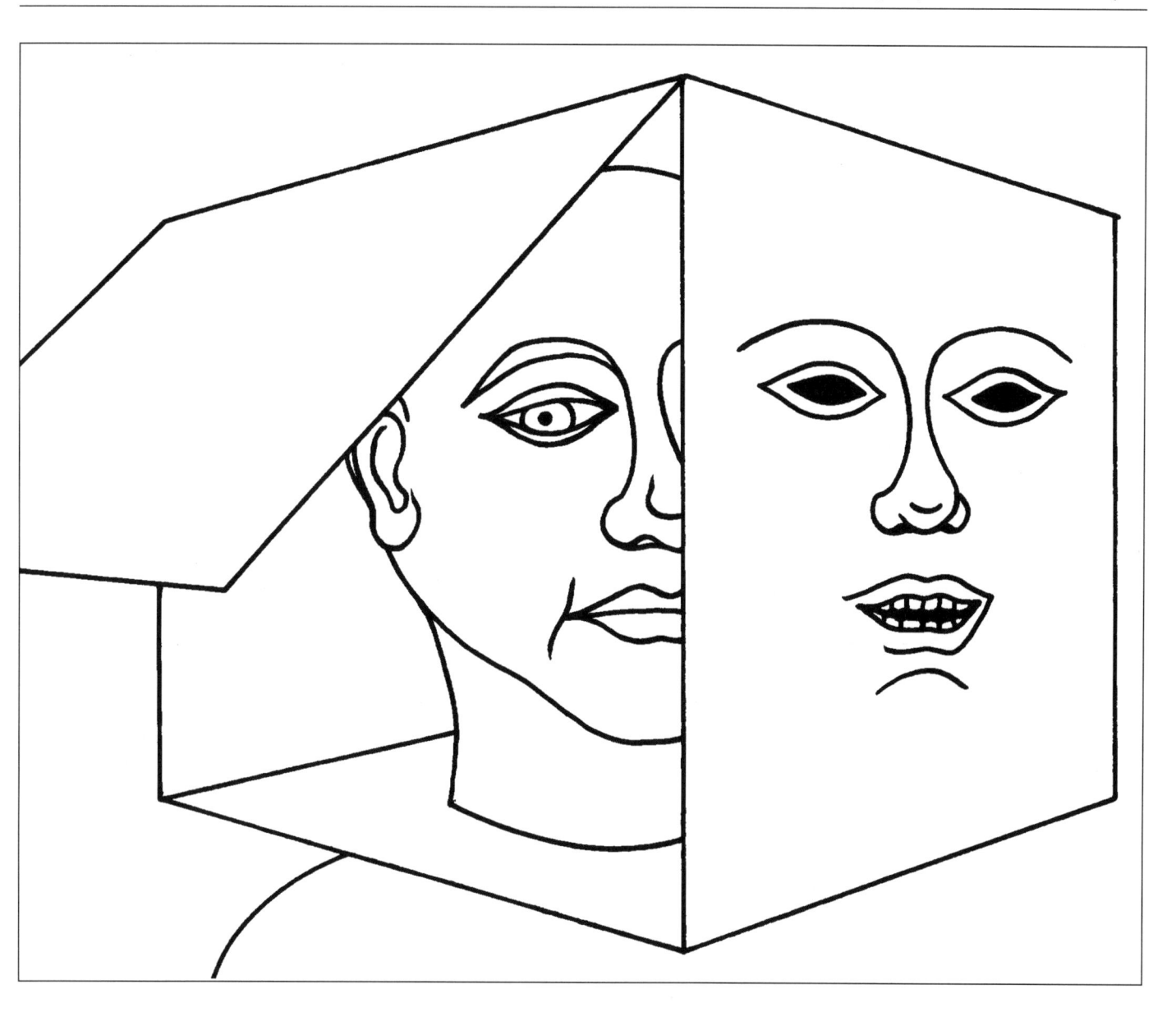

Das zweite Gesicht | **Das achte Gebot** | **M4** | Arbeitsbogen | **Arbeitsmaterialien**

Thaddäus Troll
Tobias und die Lügner

Tobias ging im Walde so für sich hin, als ihn plötzlich ein klägliches Winseln aus seinen Betrachtungen riß. Er lief den Tönen nach und entdeckte einen braunen Airedale-Terrier, der sich in einer Schlinge verfangen hatte, wie sie Wilderer auszulegen pflegen. Tobias befreite das Tier und war nicht wenig erstaunt, als es vor ihm sitzen blieb, das Maul öffnete und sagte: »Ich danke Ihnen, mein Herr. Sie sehen in mir nicht etwa einen x-beliebigen Hund, sondern den staatlich geprüften Oberzauberer Abuhel, den es gelüstete, in der Gestalt eines Hundes zu lustwandeln. Leider war mir die Zauberformel für Schlingenlösen nicht mehr gegenwärtig. Ich wäre eines elenden Todes gestorben, wenn Sie, verehrter Herr, mich nicht befreit hätten. Als Dank sei Ihnen ein Wunsch gewährt, der sich erfüllen wird.« Tobias, kein Materialist, besann sich nicht lange und sagte: »Ich möchte, daß morgen für alle Menschen, die in meiner Stadt wohnen und die eine Lüge sagen oder schreiben, die Schwerkraft aufgehoben ist.« »Es sei«, sprach Abuhel und war vom Waldboden verschlungen.

Am anderen Tag ereigneten sich in der Stadt merkwürdige Dinge. Es begann damit, daß Tobias' Wirtin ihm den Morgentrunk ins Zimmer brachte und sagte: »Heute habe ich ein paar Bohnen mehr in den Kaffee getan.« Da flog sie wie ein Luftballon gegen die Decke, wo sie schweben blieb, bis es nachts zwölf Uhr schlug. Der dickbäuchige Herr Knotzke, der Tobias 20 Mark schuldete und ihm auf der Straße begegnete, beide Hände schüttelte und sagte: »Wie freue ich mich, Sie wieder einmal zu sehen«, freute sich nicht lange, denn kaum hatte er den Satz ausgesprochen, so flog er in die Luft und der Wind trug ihn von dannen.

Es ging in der Stadt turbulent zu. Bei den Zeitungen löste sich ein Maschinensetzer nach dem anderen von seinem Arbeitsplatz und flog davon, den in aller Frühe verschwundenen Redakteuren nach. Um die Mittagszeit stand fast niemand mehr auf dem Boden der Tatsachen. Im Parlament flog ein Redner nach dem anderen gegen die Kuppel, in der die Abgeordneten in dicken Trauben hingen. Und als ein nationaler Parteiführer seine Ansprache mit den Worten »Meine Partei bekennt sich unumwunden zur echten Demokratie« begann und ihm seine Genossen den befohlenen einstimmigen Beifall zollten, durchbrach die Fraktion geschlossen das Glasdach des Sitzungssaales und wurde vom Westwind in den Osten abgetrieben.

Die Menschen entschwebten wie Vogelschwärme, oder sie hingen, wenn sie das Glück hatten, sich in geschlossenen Räumen zu befinden, an deren oberen Grenzflächen.

Einzig ein paar Nonnen, uralte Beamte und zwei alte Unternehmer waren noch der Schwerkraft unterworfen, wäre der eine davon nicht so unvorsichtig gewesen, an diesem Tag seine Steuererklärung abzugeben. Schon kurz nach Sonnenaufgang waren alle Parteifunktionäre in höheren Regionen, ganz zu schweigen von denen, die an diesem Tag eidesstattliche Erklärungen abgaben.

Am Abend war die Stadt wie ausgestorben. Der Tag hatte selbst in den Reihen der Geistlichkeit schwere Lücken gerissen. Nur ein paar Kinder, die noch nicht sprechen konnten, alle Tiere, drei Straßenmädchen, fast alle Dichter, die Insassen des Irrenhauses außer dem Pflegepersonal, einige Schauspieler und die Betrunkenen blieben der Schwerkraft unterworfen, die letzteren teilweise sogar recht heftig.

Tobias selbst hielt sich recht und schlecht bis kurz vor Mitternacht, als er zu sich selbst sagte, er hätte diesen Wunsch nicht geäußert, um seine Mitmenschen zu bestrafen, sondern um sie zu bessern. Da flog er sanft gegen den leise klirrenden Kronleuchter.

Schlag zwölf Uhr kamen sie dann alle wieder herunter. Wer aber glaubt, daß seither in der Stadt weniger gelogen wird, der irrt sich.

aus: Das große Thadäus Troll-Lesebuch, Hoffmann und Campe, Hamburg

Das neunte und zehnte Gebot

Niemand um sein Glück betrügen

Auf die Frage, worauf es im Leben ankomme, antworten Jugendliche häufig: »daß es mir gut geht«, »daß ich glücklich bin und Spaß am Leben habe«. Niemand hat das Recht, solche Wünsche zu diffamieren, denn der Lebensdurst gehört zu einem ausgeglichenen menschlichen Leben dazu. Vorschnelle Zufriedenheit kann gleichbedeutend sein mit einem Verlust an Entfaltung. Wünsche und Begehren sind für die Selbstverwirklichung des Menschen wichtig. Die bloße Unterdrückung von Bedürfnissen wirkt sich negativ auf den Menschen aus. Deshalb kann niemand, dem an der gelingenden Entwicklung von Menschen gelegen ist, eine Verdrängung der Sehnsucht und des Begehrens verlangen. Vielmehr sollte der einzelne sich auf seine Bedürfnisse einlassen und sie kultivieren können. Denn problematisch werden sie dann, wenn sie in Neid und Eifersucht umschlagen und keine Grenze mehr kennen. Dies ist nicht selten der Ausgangspunkt für viele Formen von Rücksichtslosigkeit, die in die persönlichen Bereiche des anderen einbricht, ihn als Rivalen auszustechen und die eigenen Freiheitschancen auf Kosten anderer zu vermehren versucht. Die eigene Selbstverwirklichung in Freiheit findet ihre Grenze an der Freiheit und dem Glück des anderen. Denn wichtiger für die Entfaltung des einzelnen als seine Wünsche und Begehrlichkeiten ist die Gemeinschaft mit anderen Menschen.

Aus der Sicht des Glaubens weisen das neunte und zehnte Gebot darauf hin, daß durch grenzenloses Begehren diese Gemeinschaft mit den anderen zerstört wird und ebenso die Gemeinschaft mit Gott. Das ist auch das Anliegen Jesu, der in seinen Reden diese Gebote noch verschärft (vgl. Mt 5,22+28). Wer dem Nächsten sein Glück nicht gönnt, oder es zu zerstören trachtet, zerstört seine Lebensmöglichkeiten und verrät damit Gott, der aus der Knechtschaft befreit. Am Verhältnis zu meinem Nächsten entscheidet sich auch das Verhältnis zu Gott, und wer den Nächsten schädigt, bringt den Frieden des befreienden Gottes in Gefahr. Das Alte Testament hat hier noch konkret das Haus und die Hausgemeinschaft des anderen im Blick. Heute müssen wir diese Konkretionen fortschreiben für die Gemeinschaft im Haus der Welt: »Aus der überströmenden Fülle seiner Liebe heraus hat Gott die Welt erschaffen und hat sie der ganzen Menschheit anvertraut mit dem Auftrag, als seine Haushalter mit ihr umzugehen und ihre Güter miteinander zu teilen. Als Empfänger der göttlichen Gabe des Lebens sind wir aufgerufen, die Welt mit Gottes Augen anzusehen und sie durch unsere Beweise der Liebe, des Miteinanderteilens und einer verantwortlichen Haushalterschaft zum Segen für alle werden zu lassen.«[1]

Borislav Sajtinac, Zeichnung, 1981

---

1 Zit. ÖRK, Internationale Konsultation zum Thema »Geteiltes Leben in weltweiter Gemeinschaft«, El Escorial/Spanien 1987.

MIT KONFIRMANDINNEN UND KONFIRMANDEN

■ Überblick über die Arbeitsschritte
1. Begehren oder genießen?
2. Nachgeben oder zurückstellen?

Absicht

Die Konfirmandinnen und Konfirmanden sollen erkennen, daß ein überzogenes Verfolgen von Wünschen und Bedürfnissen die eigene Menschlichkeit und die menschliche Gemeinschaft zerstören kann. Daß diese Gemeinschaft erhalten bleibt, ist Gottes Wille.

Material

- Folie des Bildes von Sajtinac (**M 1**)
- Zeichnung (Arbeitsblatt **M 2**)
- Texte des neunten und zehnten Gebotes und des ÖRK (s.o. Einführung). Die Texte können entweder als Tafelanschrieb oder auf einem gesonderten Arbeitsblatt präsentiert werden.

Zeit

45 Minuten

BORISLAV SAJTINAC, OHNE TITEL, ZEICHNUNG 1981

☞ **Finsternis** – völlige Dunkelheit breitet sich über der schemenhaft erkennbaren, spärlich besiedelten Landschaft aus. In dieser Finsternis ein Mann, schlaglichtartig von rechts vorne beleuchtet – Ausdruck eines tastenden, suchenden Tappens in völliger Dunkelheit. Unsichere Schritte tragen den Körper vorwärts – ein geneigter Körper, der durch die rudernden Armbewegungen im Gleichgewicht gehalten wird. Ein Balanceakt auf einem unsichtbaren Seil. Der Mann scheint vorwärts getrieben zu werden von immer neuen Wünschen und Begierden, die, einmal wahrgenommen, erfaßt werden wollen: sehen – begreifen – ergreifen – besitzen. Den dunklen Augenhöhlen des Mannes entwachsen zwei weitere Arme mit großen, ausgestreckten Händen, die in zwei unterschiedliche Richtungen den umgebenden Raum ertasten und begreifen. Ständig auf der Suche nach etwas Faßbarem, das, kaum »erblickt«, Begehren weckt. Der Preis für dieses Begehren ist eine Blindheit, die den Menschen in völliger Isolation vereinsamen läßt. Sie verdammt ihn in eine Finsternis, die keinen Blick mehr freigibt auf die eigene Umgebung, die Mitmenschen, das eigene Ich. Sie läßt den Menschen zu einer Karikatur seiner selbst werden – bloßgestellt in seiner Blindheit für die wesentlichen Dinge des Lebens, seiner Hilflosigkeit, mit der er die eigene Umwelt niedertritt und beiseite schiebt, und seiner Stummheit, die den lautlosen Ruf ungehört verhallen läßt.

Übrig bleibt eine Gestalt mit menschenähnlichen Zügen, die jedoch die Menschlichkeit vermissen läßt, orientierungslos die Orientierung bei faßbaren, begreifbaren Dingen suchend.

Die 1981 entstandene Zeichnung stammt aus der Feder von Borislav Sajtinac, der derzeit mit zu den gefragtesten Cartoonisten und Karikaturisten zählt. Er steht damit in einer jahrhundertealten Tradition, die bei den Brüdern Carracci im 16. Jahrhundert ihren Anfang nahm und die bis heute Einfluß auf den aufmerksamen Betrachter nimmt. Vergleicht man die Karikaturen der vergangenen Jahrhunderte, so läßt sich feststellen, daß die Karikaturisten ein breitgefächerts, im Laufe der Zeit herausgebildetes Instrumentarium nutzen, das auf traditionelle Kompositionsschemata, auf literarische Vorlagen und auf aus dem Alltag bekannte Szenen zurückgreift, das Versiertheit im Umgang mit dem klassischen Repertoire von dem Zeichner verlangt, und das auch heute noch in seiner inhaltlichen und formalen Zuspitzung Wirkung zeigt: mit dem Ziel, dem Zeitgenossen den Spiegel vorzuhalten.

Die Arbeiten von Borislav Sajtinac sind in diesem Kontext anzusiedeln; sie sind Metaphern für die alltäglichen Probleme der Menschheit in einer Zeit der Unordnung, der Orientierungslosigkeit. Seine Arbeiten sind als Partner in einem Dialog zu verstehen, in dessen Verlauf sie die Rolle des Fragenden und Provozierenden einnehmen und den Betrachter mit der Lächerlichkeit der eigenen Situation konfrontieren.

Borislav Sajtinac wurde am 4.8.1943 in Melenci im ehemaligen Jugoslawien geboren. Seit 1958 besuchte er die Schule für Angewandte Kunst in Novi Sad, die er 1964 mit dem Diplom abschloß. In den folgenden Jahren entstehen zahlreiche Zeichnungen für jugoslawische Zeitungen und Zeitschriften. Nach dem Abbruch des zweijährigen Studiums an der Akademie für Angewandte Kunst in Belgrad 1965 geht Sajtinac nach Paris, um für kurze Zeit an der Ecole Supérieur des Beaux Arts zu studieren. Im gleichen Jahr erscheint sein erstes Buch »Zeigefinger« mit zahlreichen Zeichnungen. 1970-72 lebt er erneut in Belgrad als Autor und Regisseur von Kurzfilmen. 1972 schließt sich ein Umzug nach Essen an. Sajtinac arbeitet für die »Westdeutsche Allgemeine Zeitung« und an weiteren Zeichentrickfilmen. Seit 1975 lebt er als Zeichner und Filmer in München. Die erste Einzelausstellung findet 1986 statt im Wilhelm-Busch-Museum – Dt. Museum für Karikatur und kritische Grafik in Hannover. 1987 erhält Borislav Sajtinac den ersten Preis im Wettbewerb um den Wilhelm-Busch-Preis für Karikatur und Grafik.

Uschi Baetz

Verlauf

1. Begehren oder Genießen?

Die Karikatur wird mittels der Folie für alle gut sichtbar präsentiert:

- Seht euch dieses Bild in Ruhe an und beschreibt, was Ihr erkennt.
- Versucht einmal, die Haltung diese Menschen nachzustellen. Was empfindet ihr dabei?
- Könnt ihr etwas über mögliche Gefühle und Wahrnehmungen des Menschen aussagen?
- Die Zeichnung stammt von dem Karikaturisten Borislav Sajtinac. Er hat ihr keinen Titel gegeben. Versucht, aus eurer Sicht einen Titel zu finden.
- Was wird über die Haltung dieses Menschen zu sich selbst und zu seiner Umwelt ausgesagt?

Das Cartoon (**M 2**) wird als Arbeitsblatt an die Konfirmandinnen und Konfirmanden verteilt.

- Dieses Bild ist eine einfache Zeichnung, die sich leicht beschreiben läßt. Wir sehen einen Mann mittleren Alters, der mit Hut und bloßen Füßen in der Sonne liegt. Neben ihm befinden sich Sonnenbrille und Sonnencreme. Offensichtlich ist er ganz in die Freude an einer Pusteblume versunken und scheint über diese einfachen Dinge hinaus im Augenblick nichts weiter zu begehren.
- Notiert unter die Zeichnung auf dem Arbeitsblatt einige Gedanken, die dem Mann gerade durch den Kopf gehen könnten.
- Auch dieses Bild hat keinen Titel. Versucht selber, einen Titel zu finden und schreibt ihn oben auf das Arbeitsblatt.

Nachdem die einzelnen ihre Gedanken im Plenum vorgetragen haben, erläutert der/die Unterrichtende den Sinn der Gattung »Karikatur«:

- Beide Zeichnungen stellen eine Karikatur oder ein Cartoon dar. Eine Karikatur will durch übertriebene Darstellung Probleme im Alltag der Gesellschaft oder des einzelnen verdeutlichen.
- Vergleicht die beiden Zeichnungen miteinander.
- Welche der beiden Haltungen kommt eurer Meinung nach in unserer Gesellschaft häufiger vor?
- Könnt ihr Gründe dafür finden?
- Welche der beiden Karikaturen bezeichnet die Sehnsüchte der Menschen in unserer Gesellschaft angemessener?
- Wärt ihr selbst mit der Situation des Mannes mit der Pusteblume zufrieden?

2. Nachgeben oder zurückstellen?

Die beiden Texte, das neunte/zehnte Gebot und der ÖRK-Text, werden nebeneinander präsentiert:

- Im biblischen Text wird etwas untersagt. Der zweite Text ruft zu etwas auf. Trotzdem bestehen zwischen beiden Gemeinsamkeiten.
- Beide Texte sagen etwas über Gottes Wille im Blick auf die Menschen aus.
- Natürlich hat jeder von uns Wünsche und Bedürfnisse. Wann sollte man ihnen nachgehen? Wann sollte man die Erfüllung besser zurückstellen?

78 | Arbeitsmaterialien | Handbild | **M2** | **Das neunte und zehnte Gebot** | Niemand um sein Glück betrügen

Zeichung: Fred, Löwensteiner Cartoon Service

➡ Praktisches Hilfsmittel
für KonfirmandInnen

Meine Konfirmandenzeit
Blätter, Ergebnisse und Bilder aus der Konfirmandenarbeit.
Schnellhefter.
[3-579-01799-3]

In dieser praktischen Mappe können die Konfirmandinnen und Konfirmanden alle Materialien, die sie während der Konfirmandenzeit gesammelt haben, abheften: Informationsblätter, Ergebnisse und Bilder. Innen sind die wichtigsten Texte aufgedruckt: Die Zehn Gebote, Das Glaubensbekenntnis, Das Vaterunser, Der Auftrag zur Taufe, Die Einsetzungsworte zum Abendmahl und der Psalm 23.

Gütersloher Verlagshaus

KU zu den 5 Hauptstücken des Kleinen Katechismus

Gütersloher Verlagshaus